페이커, 롤드컵의 황제

페이커, 롤드컵의 황제

초판 1쇄 발행 | 2025년 01월 09일
초판 3쇄 발행 | 2025년 10월 27일

지은이 | 지수희
펴낸이 | 박영욱
펴낸곳 | 깊은나무

주　　소 | 서울시 마포구 월드컵로 14길 62
이메일 | bookocean@naver.com
네이버블로그 | blog.naver.com/bookocean_rabbit
페이스북 | facebook.com/bookocean.book
인스타그램1 | instagram.com/bookocean777　　인스타그램2 | instagram.com/supr_lady_2008
X | x.com/b00k_0cean
틱톡 | www.tiktok.com/@book_ocean17
유튜브 | 쏠쏠TV·쏠쏠라이프TV
전　화 | 편집문의: 02-325-9172　　영업문의: 02-322-6709
팩　스 | 02-3143-3964

출판신고번호 | 제 2013-000006호

ISBN 979-11-91979-66-4 (73810)

*이 책은 깊은나무가 저작권자와의 계약에 따라 발행한 것이므로 내용의 일부 또는 전부를
　이용하려면 반드시 깊은나무의 서면 동의를 받아야 합니다.
*책값은 뒤표지에 있습니다.
*잘못 만들어진 책은 구입하신 서점에서 교환해 드립니다.

LOL, e스포츠의 상징

페이커, 롤드컵의 황제

지수희 지음

깊은나무

머리말

　'페이커'라는 닉네임을 가진 이상혁 선수는 '롤(LoL)'이라는 게임에서 세계 최고로 인정받는 프로게이머입니다.

　프로게이머가 직업으로 인정받은 것은 역사가 오래되지 않았습니다. 하지만 게임 산업이 짧은 기간 눈부시게 발전하면서 프로게이머의 위상도 높아졌습니다. 게임 산업 발전을 위해서는 많은 사람의 노력이 필요합니다. 먼저 인터넷과 컴퓨터가 발달해야 할 뿐만 아니라, 게임을 만들어 내는 개발자나 디자이너 등의 활약이 필요합니다. 여기에 게임 선수단과 프로리그를 운영하기 위한 기업의 자본이 필요하고, 선수를 육성하기 위한 전문 프로그램도 있어야 합니다. 무엇보다 가장 중요한 건 게임을 주요 산업의 한 갈래로 여기고, 프로게이머를 스포츠 선수로 인정하는 사람들의 인식입니다.

　페이커가 롤을 접한 시기에는 지금과 달리 사람들의 인식도 좋지 않았고, 게임 시장과 산업도 지금처럼 크지 않았습니

다. 하지만 페이커의 가족들은 게임을 부정적인 시각으로 보지 않았습니다. 페이커가 어린 나이에 게임을 접할 수 있게 해 주었고, 관심을 갖고 함께 이야기하는 등 충분히 즐길 수 있는 환경을 마련해 주었습니다. 페이커도 당시 학생으로서 공부를 게을리하지 않았으며, 게임을 할 때도 지나치지 않고 적당한 수준을 유지하려고 스스로 노력했습니다.

  페이커가 공부와 프로게이머 사이에서 갈등할 때, 그의 아버지는 충분한 이야기를 나누며 페이커의 의견을 존중해 주었습니다. 아버지는 아들이 앞으로 나아갈 길에 어려운 점은 무엇이며 좋은 점은 무엇인지 꼼꼼히 따져보고, 아들이 선택한 길을 가는 데 힘을 덜어줄 수 있는 방법은 무엇인지 고민했습니다.

  자신이 결정한 길에 들어섰을 때, 페이커는 자신의 선택을 후회하지 않기 위해 피나는 노력을 했습니다. 경기 시즌에는

하루 16시간 이상 연습을 했으며, 오랜 시간 선수 생활을 유지할 수 있도록 매일 스트레칭을 했습니다. 동료들과의 관계도 잘 유지했고, 부모님과 팬들에게 감사하는 마음을 항상 잊지 않았습니다.

슬럼프가 찾아왔을 때는 책의 힘으로 극복했습니다. 사람에 대한 이해가 깊어지며 자신의 상황을 이해했고, 다른 사람의 삶을 경험하며 상대의 전략에 대응하는 지혜를 얻었습니다. 무엇보다 지금의 페이커를 만든 것은 '겸손'이었습니다. 정상의 위치에서도 늘 배우려는 마음이 있으니 계속 성장했고, 아파도 일어설 수 있었습니다.

어린이들이 이 책을 통해 익숙하지 않은 직업과 산업에 대해 접하면서 자신이 이루고 싶은 꿈의 범위를 넓히고, 꿈을 이루기 위해 어떤 노력들을 해야 하는지, 위기의 상황에서는 어떻게 자신의 마음을 다져야 하는지 생각하는 기회가 되길 바랍니다.

그리고 부모님도 이 책을 접한다면 아이와의 소통과 아이에 대한 믿음이 아이를 얼마나 성장시킬 수 있는지에 대해 생각할 수 있었으면 좋겠습니다.

지은이 지수희

차례

머리말 ◆ 004

1부 살아있는 전설 페이커

다섯 번의 롤드컵 우승컵을 들어올린 유일한 선수 ◆ 014

세계가 주목한 스포츠 선수 '페이커' ◆ 018

e스포츠 1위 '리그 오브 레전드' ◆ 022

롤 이해하기 ◆ 025

2부 배움이 빨랐던 아이

떡잎부터 달랐던 어린 시절 ◆ 034

배려와 사랑으로 가득찬 상혁이네 ◆ 038

운명을 바꿔 놓은 아버지의 선물 ◆ 042

3부 고전파의 등장

게임이 재미있었던 평범한 학생 ◆ 048

모두를 놀라게 한 '고전파'의 등장 ◆ 052

고전파의 첫 대회 출전 ◆ 054

김정균 코치와의 만남 ◆ 057

공부냐 게임이냐, 깊어진 고민 ◆ 061

고전파, 학교를 떠나다 ◆ 068

4부 프로게이머의 길

'페이커'의 탄생 ◆ 074

페이커의 첫 프로무대, 2013 LCK 스프링 ◆ 077

실패를 발판 삼아… 일취월장한 T1 ◆ 082

전설의 역전승, 페이커의 첫 트로피 ◆ 087

5부 거침없는 질주

롤드컵 첫 우승 ◆ 092

이어지지 않은 영광 ◆ 097

새로운 질주의 시작 ◆ 100

전성기의 시작, 두 번째 롤드컵 우승 ◆ 105

페이커의 스무 살 ◆ 112

'세체미' 페이커 ◆ 115

6부 페이커의 눈물

왕관의 무게 ◆ 124

암흑 같은 페이커의 시간 ◆ 130

페이커, 태극마크를 달다 ◆ 137

부진은 있어도 몰락은 없다 ◆ 142

7부 **왕의 귀환 – 7년 만의 롤드컵 우승**

회복된 기량에도 아쉬운 국제대회 ◆ *148*

페이커의 부상 ◆ *156*

롤, 아시안게임 정식종목 채택 ◆ *160*

모든 길은 페이커로 통한다 ◆ *163*

7년 만에 다시 정상에 서다 ◆ *169*

계속되는 전설 ◆ *174*

살아있는 전설
페이커

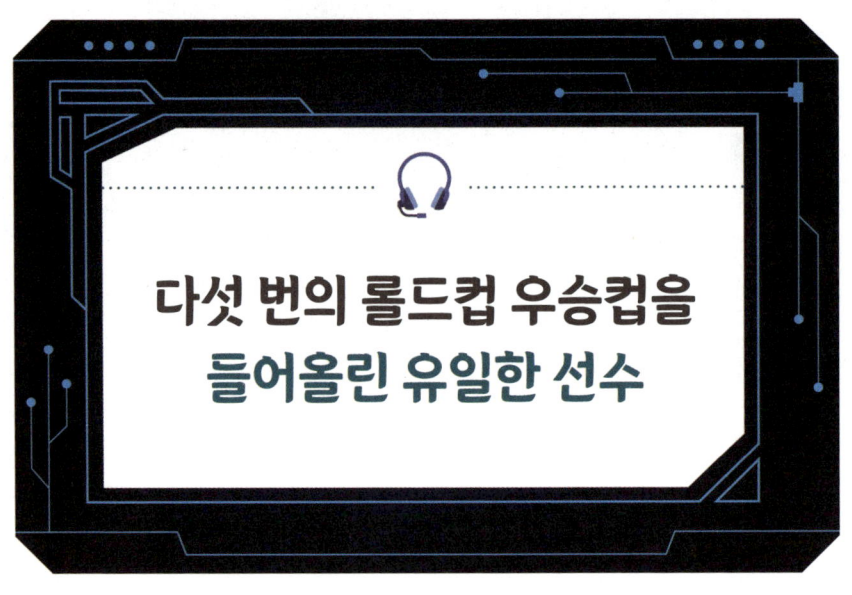

◆ 2024년 11월 2일, 영국 런던 O2아레나 ◆

　세계적인 유명 아티스트의 공연을 비롯해 NBA농구, ATP 테니스 등 세계가 주목하는 주요 경기가 펼쳐지는 이곳에서 2024 롤 월드 챔피언십 결승전이 열렸습니다.

　이날 결승에는 한국 최고의 프로게이머 '페이커'가 소속된 T1과 중국의 강팀 빌리빌리게이밍(BLG)이 결승에 올랐습니다. 두 팀 모두 소환사의 컵을 들어올리기 위해 비장한 각오로 경기장에 등장했습니다.

이 빅 매치를 보기 위해 전 세계에서 2만 명의 관중이 경기장에 몰렸고, 국내에서도 이 경기를 보기 위해 새벽까지 팬들의 응원이 이어졌습니다.

"지금부터 2024 리그 오브 레전드 월드 챔피언십 결승전 경기를 시작하겠습니다!"

장내 아나운서의 멘트에 관중들은 환호성을 질렀습니다.

전년도 우승팀이었음에도 2024년 국내 및 해외 주요 대회에서 별다른 성과를 보이지 못한 페이커와 T1은 롤 최고의 무대인 '리그 오브 레전드 월드 챔피언십(월즈)'에서만큼은 여전히 세계 최고임을 증명해 보이고 싶었습니다.

'그간의 아쉬움을 한방에 해소할 수 있는 무대야. 늘 그랬듯 이번 경기도 최선을 다하자.'

11년째 선수로 뛰고 있는 최고령 현역 선수로 롤드컵이라는 큰 무대를 수년째 밟고 있음에도, 페이커의 다짐은 11년 전 첫 롤드컵 무대에 섰을 때와 다르지 않았습니다.

드디어 시작된 첫 세트. 총 5번의 경기 중에서 3승을 먼저 가져간 팀이 이기는 경기인 만큼, 한 경기 한 경기를 잘 치러야 했습니다. 초반부터 매섭게 몰아치는 BLG의 공격에 아쉽게도 T1은 첫 세트를 내주고 말았습니다.

두 번째 세트에서는 다행히 T1이 승기를 잡았지만, 세 번째 세트에서 다시 BLG가 승점을 가져가며 승리의 기운은 T1으로부터 멀어지는 것처럼 보였습니다.

운명을 결정할 4세트.

초반 경기에서 T1은 제대로 힘을 쓰지 못했지만 약 20분쯤 지났을 때 베테랑 선수인 페이커가 실력을 발휘했습니다.

"지금이야!"

BLG의 허점을 발견한 페이커는 한타*를 시작했고, 동료인 케리아가 날린 궁극기가 적중하며 대승을 거뒀습니다. 이 경기에서 페이커는 롤드컵 최초로 500킬을 기록하기도 했습니다.

---

* 양 팀의 여러 챔피언들이 동시에 싸우는 대규모 전투

누구도 승점을 내줄 수 없는 5세트.

운명을 가를 결전을 팬들도 숨죽이며 경기를 지켜보았습니다. 승기가 어느 쪽으로 기울지 예측할 수 없는 경기가 펼쳐졌습니다. 30분쯤 지났을 때 기회를 포착한 페이커가 신의 경지에 다다른 경기력을 보여주며 결국 T1은 상대 진영의 넥서스*를 파괴했습니다.

페이커는 한 번의 우승도 어렵다는 롤드컵에서 다섯 번이나 우승컵을 들어올린 유일한 선수로 기록됐으며, 2년 연속 우승을 한 선수이자 최고령 우승자로 이름을 올렸습니다.

전 세계 언론은 페이커에 대해 GOAT(Greateat Of All Time, 역대 최고의 선수) of GOAT, '불사대마왕'이라는 찬사를 쏟아냈습니다. 한국 팬들은 페이커의 우승을 온 마음으로 기뻐했습니다.

---

* 각 팀의 본진에 위치한 가장 중요한 건물로, 게임의 승패를 결정하는 목표물

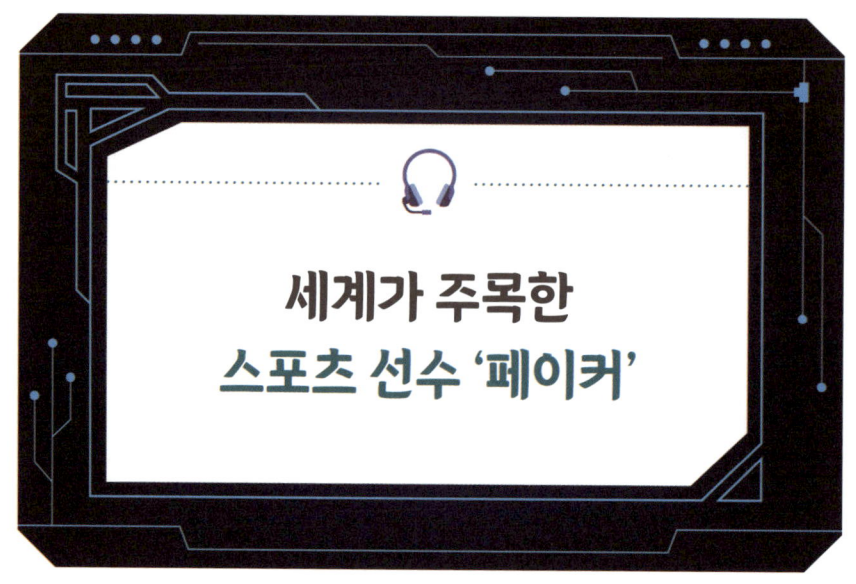

세계가 주목한 스포츠 선수 '페이커'

지난 2023년 연말 영국의 유명 신문 '더 타임스'가 세계 스포츠계에서 가장 영향력 있는 인물 10명을 선정했습니다. 여기에는 축구의 황제 '리오넬 메시', 7억 달러라는 가장 높은 연봉을 계약한 야구 선수 '오타니 쇼헤이', 호주 여자축구의 최고스타 '샘 커', 구독자 2410만 명을 보유한 래퍼이자 종합격투기 선수 'KSI' 등이 이름을 올렸습니다.

여기에 이들과 나란히 당당히 이름을 올린 한국의 27세 청

년이 있었습니다. 바로 프로게이머 '페이커'입니다. 한국 이름 이상혁. '더 타임스'는 나머지 9명의 슈퍼스타를 재치고, 페이커를 온라인판 이미지의 한가운데에 배치했습니다.

일반적으로 더 타임스는 기사에 e스포츠*를 잘 다루지 않습니다. e스포츠의 위상이 많이 높아지긴 했지만 아직도 올림픽에서는 정식 종목으로 채택되지 못하는 등(2024년 11월 기준) 여전히 스포츠로 인정하지 않으려는 분위기가 남아있기 때문입니다.

그런 상황에도 더 타임스는 "이제 '페이커'가 우사인 볼트** 처럼 올림픽의 주류스타가 되는 날이 머지않았다"고 설명했습니다. 더 타임스도 e스포츠가 올림픽에서 정식종목으로 채택될 날이 얼마 남지 않았다고 전망하는 것으로 해석할 수 있습니다.

---

* 컴퓨터 및 네트워크, 기타 영상 장비 등을 이용하여 승부를 겨루는 스포츠로 지적 능력 및 신체적 능력이 필요한 경기

** '세계에서 가장 빠른 사나이'라고 불리는 자메이카의 육상 선수

1부 살아있는 전설 페이커

더 타임스는 페이커에 대해 e스포츠 분야에서 '불멸의 마왕(The Unkillable Demon King)'이라 불린다고 설명했습니다. 바로 페이커가 전 세계에서 롤(LoL)이라는 PC 온라인 게임을 가장 잘 하는 선수이기 때문입니다. 페이커는 그 어떤 선수도 세우지 못한 놀라운 기록을 갖고 있습니다.

바로 롤을 잘한다는 전 세계 선수들이 모여 펼치는 경연장 '롤 월드 챔피언십(롤드컵)'에서 페이커는 다섯 번의 우승을 거뒀습니다. 롤드컵은 지난 2011년 처음 열렸고, 2024년까지 총 11번이 열렸습니다. 그중에 페이커가 다섯 번이나 우승을 거둔 것입니다. 그리고 국내에서 열리는 롤 챔피언스 오브 코리아(LCK)에서는 무려 10번이나 우승을 했습니다.

누구나 세울 수 있는 기록이 아니기에 전 세계가 한국의 페이커를 주목했습니다.

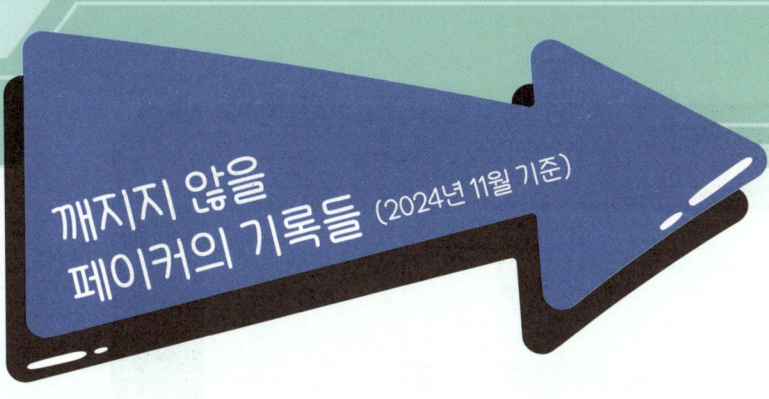

◆ 대회 기록

- 리그 오브 레전드 월드 챔피언십 역대 최다 우승 (5회)
- 리그 오브 레전드 월드 챔피언십 최초 2회 연속 우승 2회
- Mid-Season Invitational 최초 2회 연속 우승
- 리그 오브 레전드 챔피언십 코리아(LCK) 최다 우승 (10회)
- 대한민국 리그 오브 레전드 국가대표 및 아시안게임 초대 금메달리스트

◆ 개인 기록

- 메이저 국제대회 통산 100승을 달성한 유일한 선수
- 라이엇 게임즈 주관 모든 국제 대회에서 우승한 최초의 선수
- 모든 메이저 국제대회에서 MVP로 선정된 최초이자 유일한 선수
- 리그 오브 레전드 월드 챔피언십 역대 최연소, 최고령 우승 선수
- LCK 최연소 및 최고령 우승 선수

롤은 '리그 오브 레전드(League of Legends)'를 줄여서 부르는 말로, 전 세계 PC게임 중 가장 많은 유저를 보유하고 있습니다. 지난 2023년 5월 기준 전 세계 이용자 수는 약 1억 8000만 명으로 집계되고 있습니다. 라이엇게임즈는 전 세계 유저들을 위해서 지난 2011년부터 롤 월드 챔피언십 대회를 열었습니다. 이 대회는 매년 열리고 있고, 롤을 좋아하는 전 세계 팬들의 축제입니다. 이 대회에 걸린 상금은 매년 늘어나고 있습니다. 대회가 열린 첫 회의 상금은 10만 달러, 우리 돈으로 약 1억 3천만 원이었습니다. 그다음 해에는 상금 규모가 100만 달러(약 13억 원)으로, 10배나 뛰었습니다. 2024년 롤드컵의 총 상금은 222만 5천 달러로 우리돈으로 약 30억 원이 해당하는 규모입니다. 상금이 높아질수록 전 세계 팬들의 관심도 높아지고 있습니다.

롤의 인기가 높고, 롤 이용자도 많다 보니 주요국에서 프로 선수들이 경기를 하는 프로리그를 운영하고 있습니다.

전 세계 롤 프로리그

| 한국 | 중국 | EMEA | 북미 | 일본 | 동남아 | 중남미 | 터키 | 브라질 | 베트남 |
| LCK | LPL | LEC | LCS | LJL | PCS | LLA | TCL | CBLOL | VCS |

한국은 '리그 오브 레전드 챔피언십 코리아(League of Legends Champions Korea, LCK)'라는 프로리그를 운영하고 있습니다. 한국은 전 세계 롤 프로리그 가운데 가장 우수한 실력을 자랑합니다. 가까운 나라 중국에도 'LPL'이라는 롤 프로리그가 운영되고 있습니다. 중국 역시 한국 다음으로 롤 프로리그의 규모도 크고 프로팀의 실력도 뛰어납니다. LCK와 LPL에 이어 유럽리그 LEC, 북미리그 LSC를 롤의 4대 리그로 꼽습니다. 롤이 다른 국가로 확산되면서 점차 일본이나 동남아, 중남미, 터키, 브라질까지 프로리그가 늘어나고 있습니다.

롤 이해하기

　리그 오브 레전드(이하 롤)는 2009년에 미국의 게임회사 '라이엇게임즈'가 만든 PC게임입니다. 롤은 다섯 명의 챔피언으로 구성된 양 팀이 서로의 기지를 파괴하기 위해 치열한 사투를 벌이는 전략 게임입니다. 160여 명의 챔피언 중 하나를 선택해야 하는데, 각 챔피언마다 특징이 있어 다섯 명이 서로 시너지가 나도록 챔피언을 구성하는 것이 중요합니다. 또 상대방을 잘 막을 수 있는 챔피언을 고르는 것도 전체 경기의 운명을 바꿀 수 있는 중요한 요소입니다.

 각 챔피언들은 게임을 하면서 작은 몬스터를 잡거나 또는 상대팀 챔피언을 잡거나, 상대팀의 구조물을 파괴하면서 경

험치와 돈을 얻고, 얻은 돈으로 자신의 챔피언에 맞는 아이템을 구입하면 점점 더 강해져 상대팀과의 대결에서 유리해집니다.

각 챔피언들은 5개의 주요 스킬과 2개의 소환사 주문을 사용할 수 있으며, 한 번에 최대 7개의 아이템을 소지할 수 있습니다. 게이머들은 각 챔피언들의 스킬과 아이템을 연습을 통해 몸에 익혀야 하고, 상대 선수가 고른 챔피언과 스킬을 파악해 상대의 공격을 방어해야 합니다. 나의 스킬을 최대한 활용해 상대의 전략을 무너뜨리기 위한 팀의 전략을 짜야 합니다. 먼저 상대팀의 넥서스(포탑)를 무너뜨리면 이기는 경기입니다.

챔피언들이 경기를 치르는 곳은 '소환사의 협곡'입니다. 소환사의 협곡은 크게 탑, 정글, 미드, 바텀 라인으로 나눠져 있습니다.

페이커의 포지션은 미드라이너입니다. 맵의 중앙에 양 팀의 넥서스로 향하는 가장 빠른 길이 미드라인입니다. 여기서 주로 활동하는 챔피언을 미드라이너라고 합니다. 미드라이너는 탑과 바텀에 개입하거나 정글과의 협력을 통해 게임을 풀어나가야 하는 아주 중요한 포지션입니다. 다른 라인보다 넥서스로 향하는 거리가 짧기 때문에 라인을 빠르게 밀고 나가야 하며, 다른 라인에 개입해 힘을 실어주기도 해야 합니다. 페이커가 출전하는 경기를 보면 페이커는 팀의 다른 선수들에게 전략을 지시하는 장면들을 자주 볼 수 있습니다. 페이커는 가장 오랫동안 e스포츠 선수로 생활하고 있으며 노련한 경기 운영으로 선수들의 존경을 한 몸에 받는 선수입니다.

라이엇 게이즈가 소개한 주요 챔피언과 스킬

	미스포춘	대포처럼 강력한 공격으로 적을 압도합니다. 총을 한 발씩 발사할 수도 있지만, 총을 난사해 팀 전투를 승리로 이끌 수 있습니다.
	럭스	멀리서 적에게 빛을 발사해 속박한 후 추가 공격을 가합니다. 다양한 스킬로 적을 압도한 후 거대한 광선으로 마무리합니다.
	다리우스	싸울수록 난폭하게 적을 학살합니다. 여러 명의 적을 한꺼번에 공격한 뒤, 차례로 무자비하게 처형합니다. 아리는 돌진하고 빠르게 이동하며 적을 압도합니다.
	아리	돌진하고 빠르게 이동하며 적을 압도합니다. 아리의 매혹 마법은 적을 자신 쪽으로 무작정 다가오게 만들어 공격에 노출시킵니다.
	마스터	빠르고 끈질기게 적을 공격합니다. 전장을 순식간에 가로질러 전투에 뛰어들거나 적의 반격을 회피할 수 있습니다.
	가렌	거대한 검을 들고 회전하며 다수의 적을 공격합니다. 거대한 검을 소환해 적을 처형하여 정의를 실현합니다.
	소나	마법의 현을 연주해 선율에 따라 아군을 강화하거나 적을 제어합니다. 소나의 강력한 크레센도는 적 팀을 기절시킬 수 있습니다.

	트리스타나	대포를 이용해 포탑을 매우 빨리 철거합니다. 로켓 점프로 전투에 신속히 참여하거나 퇴각할 수 있으며, 적을 처치할 때마다 재사용 대기시간이 초기화됩니다.
	브랜드	연속으로 화염 공격을 가해 적을 불태웁니다. 불길은 적에게 지속 피해를 입히며, 거대한 화염으로 엄청난 피해를 입힐 수도 있습니다.
	에코	시간을 조종하며 전장을 누빕니다. 시간을 돌려 이전 위치로 도주하거나, 도주하던 도중 순식간에 전투에 다시 참여할 수 있습니다.

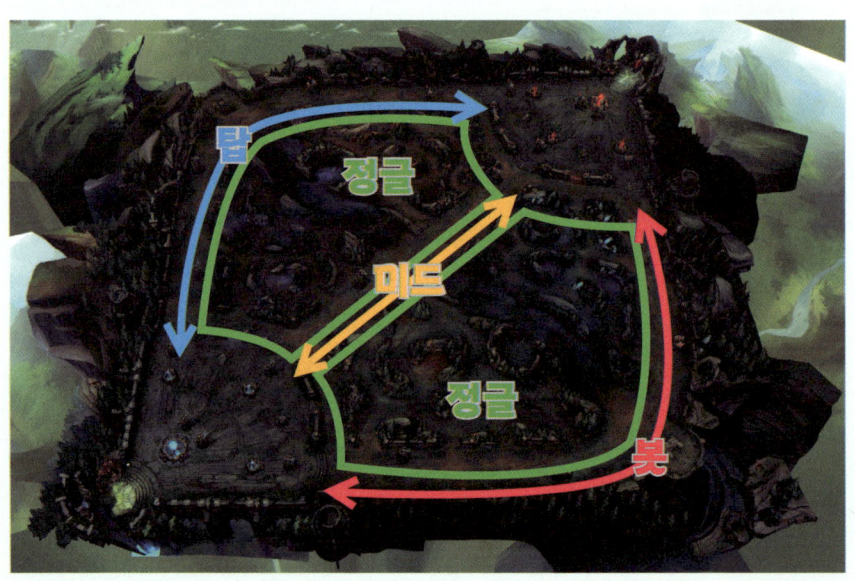

롤의 포지션

- 탑라이너: 상단 공격로에서 홀로 싸울 수 있는 강력한 챔피언입니다. 공격로를 지키고 적팀의 가장 강력한 챔피언을 노리는 것이 주된 임무입니다.
- 정글러: 사냥 전문가입니다. 공격로 사이를 민첩하게 숨어 다니며 중요한 중립 몬스터를 사냥하고, 적이 긴장을 늦추는 순간을 노려 기습공격합니다.
- 미드라이너: 미드라이너 챔피언은 순식간에 폭발적인 피해를 입힐 수 있으며 혼자일 때에도, 팀 전투에서도 강력합니다. 항상 적을 공격하기 전에 신중히 기회를 노려야 하는 포지션입니다.
- 원거리 딜러: 하단 공격로 챔피언은 팀의 주된 공격수입니다. 초반에는 약하기 때문에 보호를 받으며 골드와 경험치를 모아 팀을 승리로 이끌게 됩니다.
- 서포터: 아군을 보호하는 역할을 하는 챔피언입니다. 아군이 죽지 않도록 보조하고 적을 더욱 쉽게 처치할 수 있도록 도우며, 하단 공격로의 아군이 성장한 이후에도 상대팀과 전투 시 팀원들을 보조하는 역할을 합니다.

배움이 빨랐던 아이

떡잎부터 달랐던 어린 시절

  이상혁 선수는 1996년 5월 7일 서울에서 태어났습니다. 어린 상혁이는 목수 일을 하시는 아버지, 늘 상혁이를 아끼고 사랑해 주시는 할머니, 그리고 어린 남동생 상훈이와 살았습니다. 아버지가 출근한 이후에는 상혁이는 주로 할머니와 함께 시간을 보냈습니다. 할머니는 어린 상혁이와 상훈이를 엄마 이상으로 살갑게 보살펴 주셨습니다.

할머니는 동네 어디든 어린 상혁이를 데리고 다녔습니다.

"할머니, 세탁소! 슈퍼!"

누가 가르쳐 주지 않아도 세 살 상혁이가 한글을 쭉쭉 읽어 나갈 때면 할머니는 동네 사람들에게 어깨가 으쓱해졌습니다. 동네 사람들도 이런 상혁이를 신기한 듯 쳐다보았습니다.

어린이집에서도 상혁이는 인기 스타였습니다. 배움이 빠른 상혁이를 선생님들도 심상치 않게 여겼습니다.

"아버님, 상혁이는 가르쳐 주는 대로 다 받아들여요. 한글뿐만이 아니에요. 영어도, 중국어도, 심지어 피아노나 수학도 정말 잘해요."

어린이집 선생님들은 스폰지처럼 지식을 빨아들이는 상혁이가 신기했습니다. 그런 이야기를 들을 때마다 아버지는 상혁이가 자랑스러웠습니다.

어느 날 아버지께서는 상혁이에게 작은 조각이 많은 퍼즐을 사다 주셨습니다.

"네가 하기에는 아직 어려울 것 같은데, 시간이 걸리더라도 천천히 다 해보렴."

"네, 아빠. 감사합니다. 지금 바로 해볼래요!"

상혁이는 신이 나서 퍼즐을 다 분리한 뒤 하나씩 하나씩 맞춰 보기 시작했습니다. 퍼즐을 처음 접한 상혁이에게 생각만큼 쉬운 놀이는 아니었습니다. 하지만 상혁이는 끝까지 포기하지 않았습니다.

결국 몇 시간 후, 상혁이는 어른들이 하기에도 쉽지 않은 조각 퍼즐을 처음의 모습 그대로 완성해 냈습니다. 그런 상혁이의 모습을 보고 아버지와 할머니는 뿌듯해 했습니다.

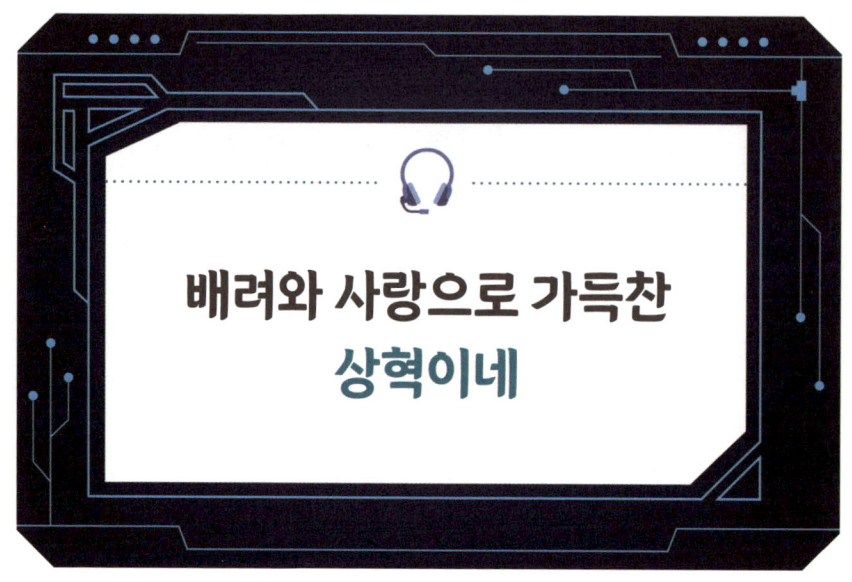

배려와 사랑으로 가득찬 상혁이네

할머니는 두 손주를 키우면서도 집안일까지 모두 책임져야 했지만 늘 씩씩하셨습니다. 할머니는 상혁이와 상훈이를 위해서라면 무엇이든 하셨습니다.

할머니는 특히 두 아이들을 데리고 도서관에 자주 갔습니다. 아이들이 책을 통해서 더 많은 세상을 경험할 수 있기를 바라는 마음이었습니다. 상혁이는 할머니가 도서관에서 대출해 오는 책을 읽고 또 읽었습니다.

"할머니, 책 더 없어요?"

"어제 빌려준 책을 벌써 다 읽었어?"

"네, 어제 다 읽었어요. 더 읽을 책이 있었으면 좋겠어요."

상혁이는 할머니와 동생과 함께 도서관에 가는 일이 즐거웠습니다. 상혁이는 도서관에서 책을 읽으면서 직접 경험하지 못한 이야기를 듣고, 그림을 보며 상상력을 키웠습니다.

상혁이는 할머니를 도와 동생을 챙기는 일도 척척 해냈습니다.

"상훈아, 그쪽으로 가면 다쳐. 형이 이 책 읽어 줄게."

상훈이도 그런 형을 잘 따르고 좋아했습니다.

생계를 책임지는 아버지는 평소에는 아이들과 많은 시간을 보내지 못해 아이들에게 늘 미안한 마음이 있었습니다. 그래서 아버지는 주말만큼은 최대한 많이 아이들과 즐거운 추억을 만들려고 노력했습니다. 그래서 상혁이와 상훈이는 여기저기 여행을 많이 다녔습니다. 아버지가 아이들과 시간을 보내는 동안 평일 내내 아이를 돌보느라 힘들었던 할머니께 소

중한 휴식시간도 드릴 수 있었습니다.

추운 겨울에 돌덩이처럼 꽝꽝 얼어붙은 얼음을 깨던 기억, 얼음 위에서 무슨 일이 벌어지고 있는지 관심이 없다는 듯 물 속에서 유영하는 물고기들, 찌에 걸린 물고기를 들어올리는 순간, 물고기를 그 자리에서 구워 호호 불며 먹었던 일들은 상혁이 형제에게도 아버지에게도 잊혀 지지 않는 추억들입니다.

무엇보다 아빠와 동생과 함께 나누었던 그날의 즐거운 대화와 분위기는 상혁이에게 어떤 어려움이 닥쳐와도 긍정적으로 헤쳐 나갈 수 있는 힘의 토대가 됐습니다.

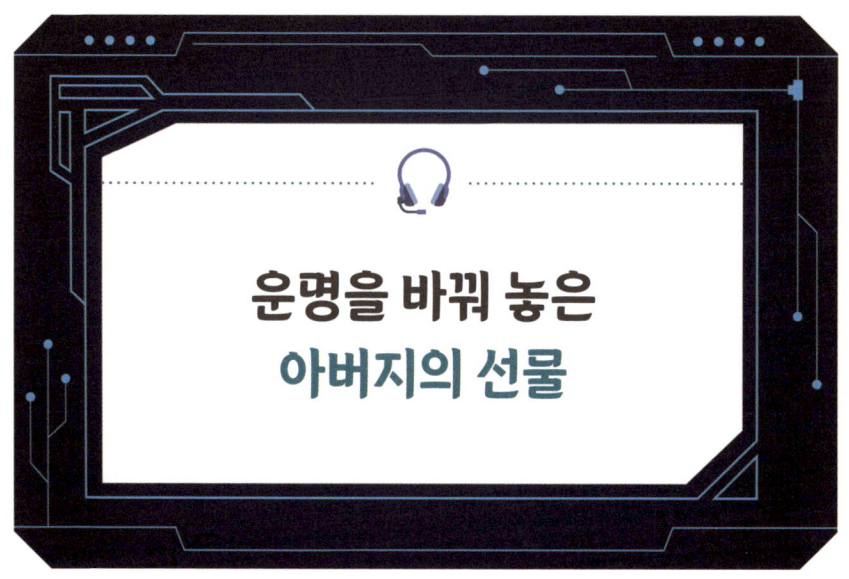

운명을 바꿔 놓은 아버지의 선물

　상혁이가 초등학생이 되던 해, 아버지는 엄마 없이도 반듯하게 자라준 아들 상혁이에게 특별한 선물을 해주고 싶었습니다. 아버지의 선물은 바로 '컴퓨터'였습니다.

　"우와, 컴퓨터라니! 도서관에서 보고 어떻게 사용하는 건지 정말 궁금했어요. 정말 감사합니다!"

　"우리 아들이 초등학생이 됐으니 이 정도 선물은 해 줘야지. 하지만 너무 컴퓨터만 많이 하면 안 된다. 숙제도 열심히

하고, 동생이랑도 놀아줘야 해!"

"네, 걱정 마세요! 동생이랑도 같이 잘 갖고 놀게요!"

아버지의 이 선물은 상혁이의 인생을 바꾼 중요한 계기가 됐습니다.

상혁이는 컴퓨터를 장난감처럼 친구처럼 여기고 하루도 빠짐없이 컴퓨터와 친하게 지냈습니다. 컴퓨터 게임에 흥미를 갖게 된 것도 이때부터입니다.

상혁이가 특히 잘하는 것은 타자연습용 게임이었습니다. 이 게임은 컴퓨터 자판으로 글을 쓰는 것이 익숙하지 않은 사람들이 자판이 손에 익숙해지도록 연습하는 게임입니다. 불특정 단어들이 화면에 나타나면 시간 내에 그 단어를 쳐야 합니다. 단어를 빨리 칠수록 새로운 단어가 등장하는 속도가 빨라지고, 미션을 해결할수록 레벨이 높아집니다.

무엇이든지 빠르게 흡수하는 상혁이는 이 게임에서도 빠르게 레벨을 올렸습니다. 학교에서 주최하는 타자연습 대회에서도 상을 휩쓸 만큼 집중력을 발휘했습니다. 1분에 600타 이상을 쳐낸 상혁이는 웬만한 어른보다 타자를 잘 치는 초등학생으로 유명세를 탔고, 기업이 후원하는 영재로 선발되기도 했습니다.

중학교에 가서도 상혁이는 대부분의 게임을 친구들보다 빠르게 섭렵했습니다. 친구들 사이에서 상혁이는 '공부도 게임도 잘하는 아이'로 알려져 있었습니다. 이때 상혁이는 친구들과 PC방에서 팀을 이뤄 진행하는 게임을 해보고 팀플레이 게임에 매력을 느끼기 시작했습니다.

고전파의 등장

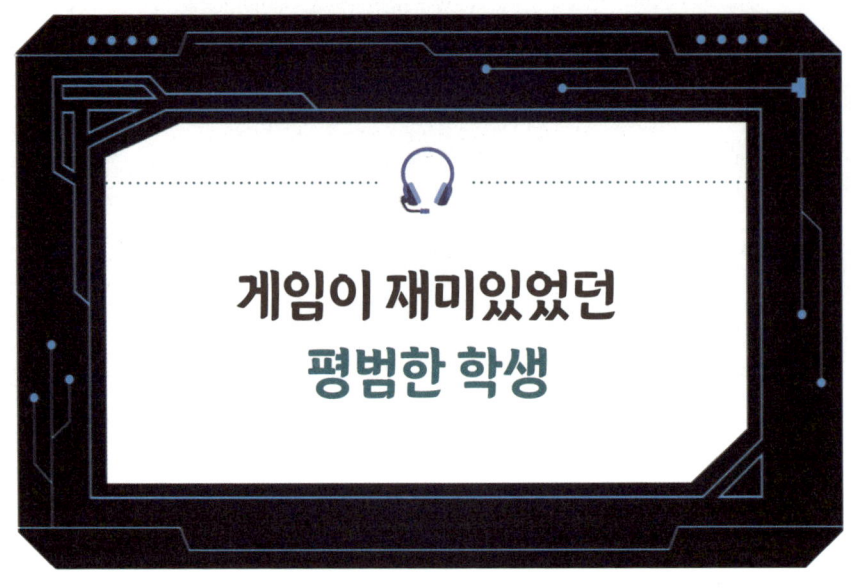

게임이 재미있었던 평범한 학생

　롤이라는 게임은 2009년에 만들어졌지만 한국에 정식 출시되지 않았습니다. 롤의 재미를 느낀 유저들은 해외 서버에 우회 접속하는 방식으로 게임을 즐기곤 했습니다.

　2011년, 드디어 라이엇게임즈는 한국에서도 롤을 즐길 수 있도록 정식으로 한국 서버를 오픈했습니다. 중학생이 상혁이도 이때 롤을 접했습니다.

　'이게 그렇게 유명한 게임이라는데, 게임은 또 내가 자신 있

잖아! 얼마나 재미있길래 정식 출시도 되기 전에 사람들한테 사랑을 받은 거지?'

롤을 접한 상혁이도 금방 롤에 매력에 빠져 들었습니다. 5:5로 팀을 짜서 경기를 하는 스타일이나 전략을 짜서 상대팀을 무너뜨리는 방식이 상혁이의 흥미를 끌었습니다.

롤의 매력에 푹 빠진 상혁이는 밤늦게까지 게임을 하는 일도 잦았습니다. 그때마다 할머니는 상혁이가 게임하는 모습을 지켜봤습니다. 상혁이는 할머니에게 게임의 규칙과 챔피언에 대해서 친절하게 설명해 줬습니다.

"할머니 이 귀여운 것들을 먹으면 내가 힘이 세져요. 상대의 탑을 무너뜨리면 이기는 거예요."

할머니는 상혁이의 설명을 들으며 상혁이 만큼이나 롤의 매력에 빠져들었습니다. 할머니는 상혁이가 즐겁게 집중할 수 있도록 해 주셨습니다.

상혁이도 늦게까지 잠을 주무시지 못하는 할머니를 위해 너무 늦은 시간까지 컴퓨터 앞에 앉아 있지 않으려고 노력했습니다. 그 덕에 상혁이는 게임을 하는 동안 단 한 번도 가족들로부터 싫은 소리를 듣지 않았습니다.

상혁의 집중력과 가족의 배려 덕인지 상혁이의 게임 실력은 일취월장했습니다. 고등학생이 된 상혁이는 롤 게임을 시작한 지 얼마 되지 않아 '랭크게임'을 할 수 있게 되었습니다. '랭크게임'은 30레벨이 되면 진입할 수 있는 게임입니다. 그동안 상혁이가 해오던 일반게임과 달리 랭크게임을 하게 되면 공식적으로 순위가 기록되고 자신의 실력에 맞는 단계(Tier, 티어)로 자동으로 배정됩니다. 상혁이는 고등학생 때 랭크게임에 도전하게 됩니다.

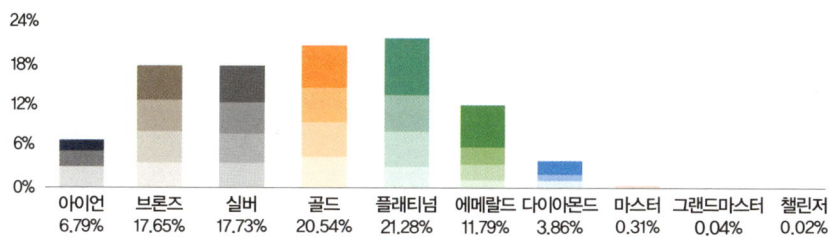

〈티어 점유율 막대 그래프〉

랭크게임의 티어는 가장 하위 단계의 아이언부터 가장 상위 단계인 챌린저까지 10단계로 나뉘어 있습니다. 챌린저 단계가 되려면 상위 0.02% 안에 들어야 하는 아주 높은 단계입니다. 게임 유저들이 더 높은 단계에 들어가기 위해 전략을 짜고 캐릭터를 연구하고, 다양한 경기를 경험하는 등 열심히 연습해 티어를 올립니다.

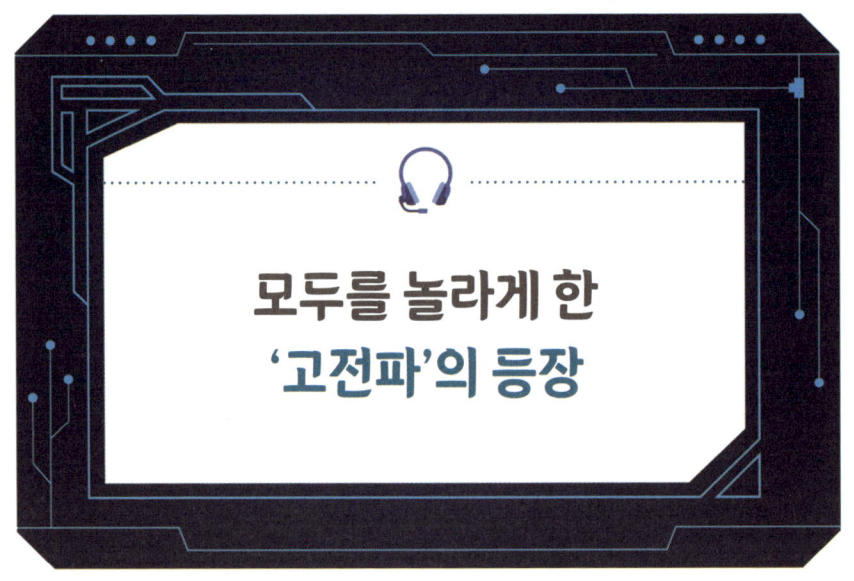

모두를 놀라게 한 '고전파'의 등장

　상혁이가 랭크게임을 시작한 지 얼마 안 돼 게임 유저들 사이에서 유명세를 탄 이름이 있었습니다. 바로 '고전파'라는 이름입니다.

　"아니 고전파, 얘 뭐야? 어디서 갑자기 나타난 거야?"

　"이 티어에서 저런 플레이 스타일은 본 적이 없어."

　"고전파? 이렇게 잘하는데 왜 여기 있는 거지? 솔직히 프로게이머 아니야?"

"이런 말도 안 되는 경기는 처음 봐! 고전파 한국사람 아닌 거 아냐?"

고전파는 상혁이의 게임 닉네임이었습니다. 사람들은 랭크 게임에 혜성같이 등장한 고전파라는 유저에 대해서 의구심을 품을 수밖에 없었습니다. 그도 그럴 것이 고전파의 빠른 움직임과 경기운영 능력은 감히 누구도 따라오지 못할 정도였습니다. 롤이 해외에서 먼저 시작된 만큼, 게임 실력으로만 본다면 한국인이 아닐 가능성도 제기됐습니다.

"우와, 이 고전파라는 친구 심상치 않은데?"

"정말 놀라워!"

사람들의 관심에 화답이라도 하는 듯 얼마 지나지 않아 고전파는 한국 랭크 1위를 기록했습니다. 고전파의 랭크게임 등장은, 고등학생 이상혁이 프로게이머 이상혁으로 나아가는 데 결정적인 역할을 하게 됩니다.

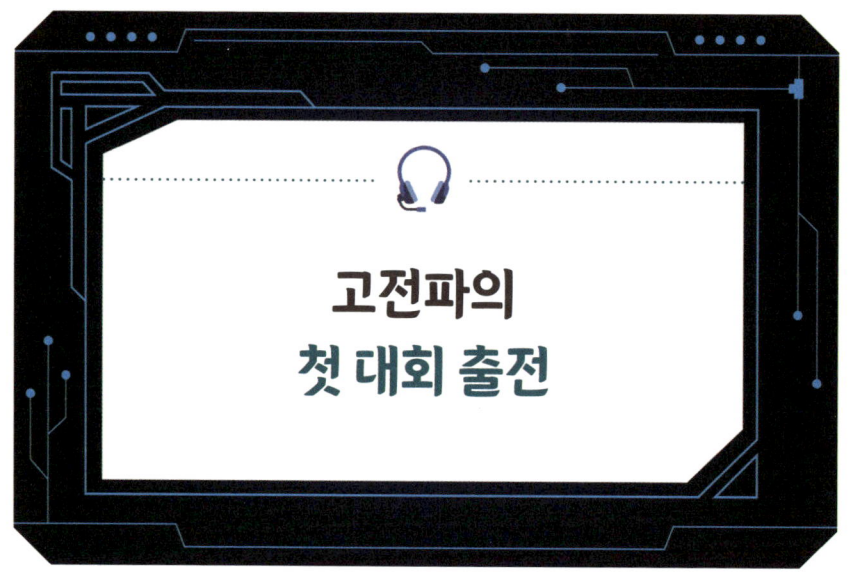

고전파의 첫 대회 출전

　당시 롤은 새로운 버전이 등장할 때마다 랭크 점수가 초기화 됐습니다. 새 버전이 등장하면 다시 모두가 처음부터 시작해야 했습니다. 하지만 고전파는 빠른 시간 내 다시 1위를 차지했습니다.

　"아, 고전파 도대체 뭐지? 그새 또 1위를 했네? 아니, 도대체 얼마나 잘하는 거야? 고전파는 이길 수가 없군…."

　고전파의 자리를 위협하는 아마추어 게이머는 많았지만, 1

위 고전파와 2위의 격차는 계속 벌어져 갔습니다.

 롤을 하는 유저가 많아지자 정식 프로게이머들이 참여하는 프로대회가 아닌 일반 유저들이 참여하는 아마추어 대회도 큰 인기를 끌었습니다. 라이엇게임즈가 개최한 대회가 아닌 데다 프로대회만큼 상금이 많지는 않았지만, 롤 유저들 사이에서는 꽤 유명했습니다.

 고전파는 당시 아마추어 상위 순위의 플레이어들과 팀을 짜고 아마추어 대회에 참가했습니다.

 "고전파 선수, 난이도가 높은 오리아나를 선택했습니다."

 "오, 오리아나. 순식간에 상대편 선수를 잡아 1킬을 획득합

니다!"

　게임중계 아나운서도 이미 국내 랭크 1위로 유명한 고전파에게 주목했습니다. 고전파는 평소 연습한 대로 여유 있게 게임을 이끌어갔습니다.

　드디어 게임의 절정인 한타의 순간.

　"고전파 선수의 궁극기*! 오! 상대 챔피언들이 맥을 못 추고 밀리고 있습니다. 드디어 상대팀이 무너집니다! GG!"

　고전파는 출전한 첫 대회에서 우승을 차지했습니다. 첫 우승에 고전파는 오히려 담담해했지만, 대회를 보고 있던 유저, 관객, 대회관계자들은 고전파의 반응 속도와 판단력, 게임 운영 실력 등을 보고 깜짝 놀랐습니다. 이 모든 것이 상혁이가 롤을 시작한 지 1년밖에 안 된 상황에 이뤄낸 성과였습니다. 상혁이를 지켜봐 온 가족들에게도 상혁이의 우승은 놀라웠습니다.

　이런 고전파의 실력을 심상치 않게 지켜보는 사람이 있었습니다. 바로 고전파가 아마추어가 아닌 프로로서 성장하는 데 중요한 역할을 한 인물입니다.

---

* 한 캐릭터가 쓸 수 있는 가장 강력한 기술을 이르는 말

김정균 코치와의 만남

아마추어 게임대회에서 우승한 후 며칠 후. 상혁이는 평소와 다름없이 게임을 하고 있었습니다. 그때 게임 쪽지가 도착했습니다. 다름 아닌 SKT T1의 김정균 코치였습니다.

'고전파 선수, 저는 SKT T1의 김정균 코치입니다. 시간될 때 한번 만났으면 좋겠습니다.'

고전파는 갑작스러운 제안에 깜짝 놀랐지만 프로게이머 세계가 궁금했던 고전파는 그로부터 며칠 뒤 김 코치를 만났습니다.

　SKT T1은 국내 롤게임 프로팀 중 하나로, 김 코치는 새로운 팀을 꾸리고 있었습니다. 당시에는 프로팀에서 두 개의 팀을 운영하기도 했습니다.

　김 코치는 상혁이를 반갑게 맞이했습니다.

　"상혁 군의 플레이를 눈여겨 보았습니다. 아마추어 리그에 남아 있기는 너무 아까운 실력입니다. 프로게이머의 길을 가 보는 건 어때요? T1에 상혁 군을 영입하고 싶습니다."

　상혁이는 의외의 제안에 어안이 벙벙했습니다. 그때 상혁이의 나이는 17세, 고등학교 1학년 학생이었습니다. 고민하

는 상혁이를 보고 김정균 코치는 말을 이어갔습니다.

"고전파는 이미 한국랭크 1위예요. 더 이상 아마추어 대회에 남아 있을 이유가 없어요. 순발력이 중요한 롤 같은 게임은 나이가 어릴수록 실력 발휘를 잘할 수 있어요. 프로 세계에 들어와서 감독과 코치가 함께 전략을 짜고 트레이너들의 관리를 받으면서 지금보다 더 성장해 보는 건 어때요? 세계 무대에서도 상혁 군은 충분히 실력을 발휘할 수 있어요."

상혁이는 세계 무대에서 활동을 하는 자신의 모습을 잠시 상상하기도 했지만, 할머니와 아버지의 얼굴이 떠올랐습니다. 그래서 마음을 진정시키고 차분히 말을 이어갔습니다.

"당장 대답을 드리기는 어려울 것 같아요. 가족들과 상의도 해봐야 하고, 생각할 시간을 주시면 좋겠습니다."

상혁이는 아무에게나 찾아오지 않는 기회를 눈앞에 두고도 바로 잡지 못하고 고민을 하기 시작했습니다.

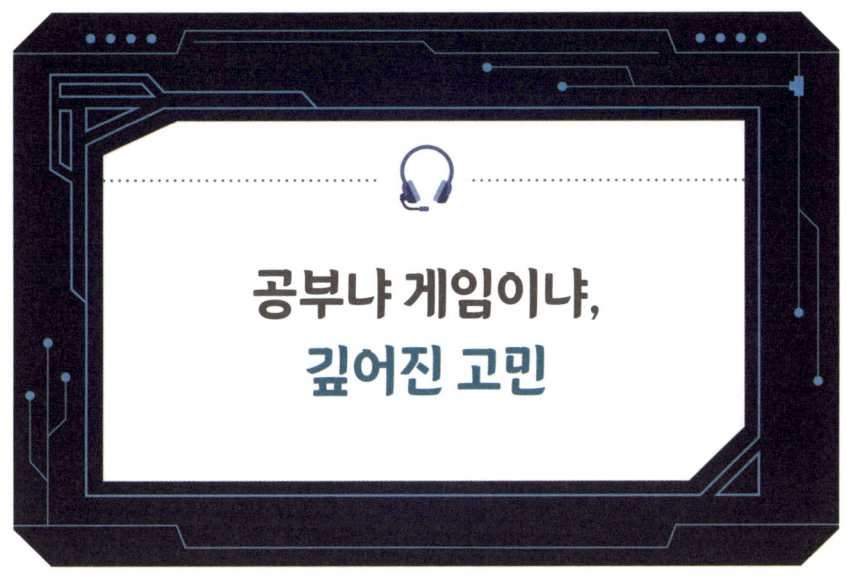

공부냐 게임이냐, 깊어진 고민

　김정균 코치를 만난 이후로 상혁이는 학교 공부도 손에 잡히지 않았고, 머릿속에서 계속 고민에 고민을 이어갔습니다.
　'게임을 좋아하지만 직업이 된다면 어떨까?'
　'지금의 실력이 과연 계속 이어질까? 그러지 못한다면 놓친 학교 공부는 어떻게 해야 하지?'
　'프로게이머가 된다면 전 세계 훌륭한 선수들과 당당히 겨루어 볼 수 있어! 내 실력을 보여주면 되지.'

'프로게이머의 수명은 정말 짧아. 그렇다면 그다음에 나는 어떤 길을 선택해야 할까?'

상혁이는 고민 끝에 아버지께 지금의 자신의 생각을 가감 없이 털어놓았습니다.

"아빠, 저 프로게이머가 되면 어떨까요?"

아버지는 고민이 깊은 상혁이를 걱정스러운 마음으로 쳐다봤습니다.

생각이 어느 정도 정리된 듯한 상혁이의 모습에 아버지도 혼란스러웠습니다. 아버지는 상혁이에게 제안했습니다.

"네가 게임을 좋아하고, 잘할 수 있다는 것을 아빠는 믿지만, 그래도 우리 한 달만 더 고민해 보자. 한 달 동안 아빠도 열심히 고민해 볼 테니 그때 다시 이야기해 보자."

"네, 아빠. 알겠어요."

상혁이는 아버지의 생각도 존중해 주었습니다.

상혁이의 미래와 앞으로 다가올 큰 변화에 대해서 아버지는 그 누구보다 고민이 깊었습니다. 상혁이가 어떤 선택을 하든 후회가 적은 쪽을 선택할 수 있도록 하는 것이 아버지로서 해야 할 일이라고 생각했습니다. 그래서 아버지는 가장 먼저 T1을 찾아가 김정균 코치를 만났습니다.

김 코치는 기다렸다는 듯이 아버지를 맞이했습니다.

"아버님, 어서오세요. 고민이 깊으시죠? 제가 걱정하지 않으시도록 잘 설명해 드리겠습니다."

김 코치는 새롭게 꾸려질 T1의 선수단이 이용할 시설과 프로게임단 운영에 대해서 자세히 설명하기 시작했습니다. 상혁이 아버지가 방문했을 때는 이미 선발된 선수들이 연습을 하고 있었습니다.

"아버님, SKT T1에는 이미 결성된 1팀뿐만 아니라 새롭게 꾸려질 2팀 선수들이 이렇게 모여서 훈련을 하고 있습니다. 여기에 있는 선수들은 모두 치열한 오디션과 테스트를 거쳐서 선발된 선수들입니다. 이번에 새로운 팀을 구성하려고 합니다."

아버지는 같은 고민의 시간을 거쳐 이미 프로게이머 생활을 하고 있는 어린 선수들을 보니 조금은 마음이 놓였습니다. 그런 모습을 보고 김 코치는 아버지에게 결정적인 이야기를 전했습니다.

"아버님, 이 선수들은 어려운 과정을 거쳐 이 곳에 들어왔습니다. 하지만 상혁 군은 그 어떤 테스트도 거치치 않으려고 합니다. 상혁 군의 실력은 이미 검증됐습니다. 고전파가 구사하는 플레이를 저는 어디서도 본 적이 없습니다. 이미 랭킹이 검증해 주고 있지 않습니까? 이미 다른 라인의 선수들은 모두 선발이 됐습니다. 고전파가 활동할 미드라이너만 비어 있습니다. 저희 구단에서 고전파를 영입해서 세계적인 선수로 키

워보고 싶습니다. 아버님, 저희를 한번 믿어 보시죠."

김 코치는 강한 어조로 말했습니다.

아버지는 김 코치의 진심 어린 눈빛을 보니 마음이 놓였습니다. 또 앞으로의 비전, 선수단 운영에 대한 이야기를 들으니 상혁이를 프로게이머의 길로 보내도 되겠다는 쪽으로 마음이 어느 정도 기울었습니다.

무엇보다 아버지는 자신의 어린 시절을 떠올렸습니다. 아버지는 어린 시절 야구선수가 되고 싶었습니다. 공부를 하는 것보다는 운동장에서 배트를 휘두르는 것이 더 행복했기 때문입니다. 하지만 아버지는 집안의 반대에 부딪혔습니다. 좋아하던 야구를 더 이상 하지 못하게 된다는 걸 받아들이는 것이 당시 아버지에겐 정말 힘든 일이었습니다. 아버지는 꿈을 포기했던 어린 시절의 자신을 떠올렸습니다.

'꿈을 포기한다는 건 정말 슬픈 일이야. 우리 아들은 나 같은 경험을 하지 않았으면 좋겠어.'

아버지는 김 코치를 만난 후 어느 정도 마음을 정한 것처럼 보였습니다. 하지만 완벽하게 결정짓기에는 껄끄러운 중요한 문제가 있었습니다. 바로 프로게이머가 되려면 학교 공부를 포기해야 한다는 점입니다. 고등학교를 졸업도 하지 못하고 중도 퇴학해야 한다는 것이 가장 걸렸습니다.

아버지의 머릿속에서 김정균 코치의 말이 계속 맴돌았습니다.

"아버님, 대부분의 프로게이머가 10대예요. 지금이 가장 집중력이 좋고, 반응 속도가 빠를 때입니다. 또 프로가 되면 팀의 다른 멤버들과 하루 종일 연습을 하게 됩니다. 모두 더 큰 꿈을 그리며 학교를 포기했습니다."

아버지는 고개를 절레절레 저었습니다.

'그래도 학교를 포기하는 건 좀 더 생각해 봐야 할 문제야.'

아버지는 여전히 마음이 무거웠습니다.

고전파, 학교를 떠나다

한 달 후. 아버지는 상혁이에게 다시 물었습니다.

"아직도 프로게이머가 하고 싶다는 마음이 변함이 없니?"

"네."

상혁이는 낮지만 강한 목소리로 이야기했습니다.

"좋아, 그럼 일단 선수단에 입단을 하기로 결정하자. 하지만 학교를 포기하는 문제는 좀 더 생각해 보면 좋겠어. 틈나는 대로 공부를 해보고, 졸업은 하는 것이 좋을 것 같아."

아버지의 이야기에 상혁이도 동의했습니다.

그래서 고전파는 처음에는 선수단 생활과 학교를 병행했습니다. 특히 시험기간에는 아버지가 새벽에 데리러 와서 시험을 보고, 선수단으로 돌아가는 생활을 했습니다. 하지만 이런 생활이 생각만큼 쉽지는 않았습니다. 선수단 생활에 방해가 되기도 했지만, 상혁이가 그 어떤 것도 제대로 집중할 수 없었습니다. 점점 체력도 떨어지는 것 같았습니다.

그 모습을 보고 아들이 안쓰러웠던 아버지는 학교를 찾아가 담임 선생님과 상혁이의 진로에 대해 상담을 했습니다. 그런데 걱정하는 아버지와는 달리 선생님의 생각은 아주 명쾌했습니다.

"아버님, 상혁이는 기본이 탄탄한 아이입니다. 공부를 조금 쉬다가 하더라도 큰 문제가 없을 것 같아요. 뒤늦게 대학에 진학하는 학생들도 많잖아요. 공부는 언제든지 다시 시작할 수 있다고 생각합니다. 특히 상혁이는 더더욱 그렇다고 생각해요. 하지만 프로게이머가 될 수 있는 기회는 정말 드물어요. 상혁이가 게임을 정말 잘한다는 것은 아버님도 이미 잘 알고 계시잖아요. 상혁이가 원하는 길이 있다면 그 길로 갈 수 있도록 응원해 주시는 건 어떨까요?"

아버지는 그동안 상혁이가 두 가지 모두를 해내느라 힘들었을 것을 생각하니 정말 마음이 아팠습니다.

"선생님, 정말 감사합니다. 이제 상혁이가 좋아하는 일에 좀 더 몰두할 수 있게 도와주어야 할 것 같아요. 이제 학교도 나오지 않는 것이 좋을 것 같습니다."

"네, 아버님, 잘 결정하셨어요. 언제든지 학교로 돌아올 수 있으니 걱정 마세요. 안 돌아오면 더 좋고요. 하지만 상혁이는 잘 해낼 겁니다. 너무 걱정 마세요."

학교에서 상담을 마치고 돌아온 아버지는 마음이 더 단단해졌습니다. 학교에 대한 아쉬움보다 아들에 대한 믿음과 아들의 꿈을 위해 무엇이든 하겠다는 부모로서의 다짐으로 가득 찼습니다.

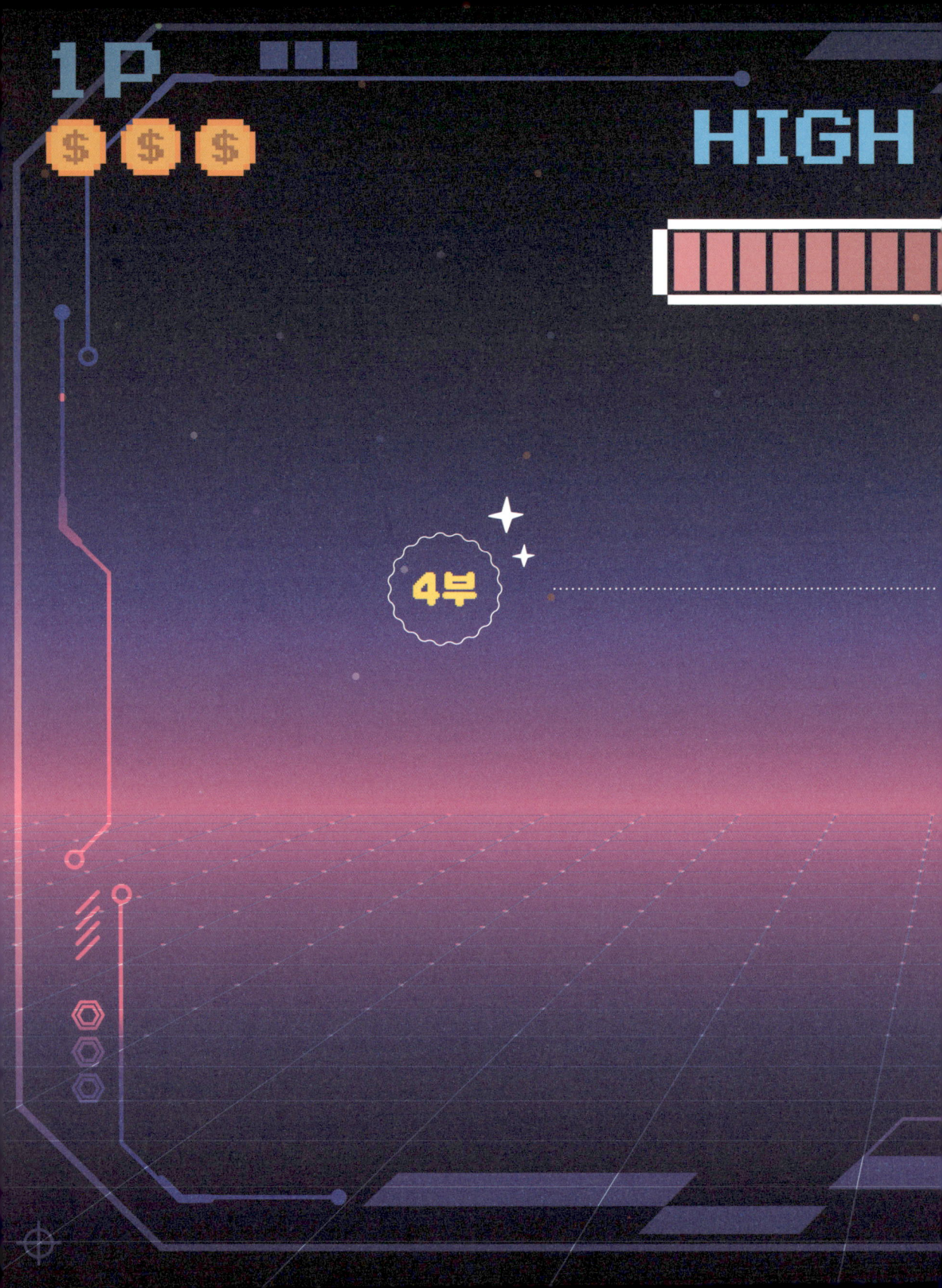

프로게이머의 길

'페이커'의 탄생

    2013년 4월, 고등학생 이상혁은 더 이상 학생이 아닌 프로 게이머의 길을 걷기 시작합니다. SK텔레콤 T1으로 소속이 바뀐 상혁이는 또래의 친구들과 함께 선수단 생활을 시작했습니다. 당시 함께 팀이 된 피글렛, 벵기, 푸만두, 임팩트와 함께 숙소 생활을 하면서 밤낮으로 연습을 거듭했습니다.

    집에서 즐기면서 게임을 했던 것과는 달리, 높은 연봉을 받는 선수가 된 만큼 훈련의 강도는 높아지고 마음의 부담도 커졌습니다. 하지만 상혁이는 그때마다 마음을 다잡았습니다.

프로게임단에 입단한 후 다음 해, 팀은 첫 대회로 2013 LCK 스프링 시즌을 준비하고 있었습니다. LCK는 라이엇게임즈가 주관하는 한국의 최대 롤 리그입니다.

대회를 열심히 준비하던 어느 날 김정균 코치는 고전파로 활동하던 상혁이에게 제안했습니다.

"상혁아, 네 닉네임을 좀 바꿨으면 좋겠는데? 이제 프로선수가 된 만큼 그 명성에 맞는 이름이 필요해. 뭔가 인상적이고 강렬한 이름이 없을까?"

상혁이 또한 고전파라는 닉네임도 좋아했지만, 프로선수다운 이름이 필요하다고 생각했습니다. 그간 새 이름을 고민해 오던 상혁이는 가장 마음에 드는 이름을 제안했습니다.

"페이커 어때요?"

"페이커? 오, 멋진데? 무슨 뜻이니?"

"화려한 플레이와 속을 알 수 없는 전략으로 상대방을 속인다는 뜻이에요."

"근사한데? 이제부터 너는 페이커야! 많은 플레이어가 너의 전략에 깜빡 속아 넘어가게 될 거야."

이렇게 이상혁 선수는 '페이커'라는 이름으로 본격적인 프로게이머로서의 활동을 시작하게 됩니다.

페이커의 첫 프로무대, 2013 LCK 스프링

페이커의 첫 대회는 한국에서 열린 롤챔피언스코리아(LCK)였습니다. LCK는 중국 LPL 유럽 LEC, 미국 LCS와 함께 4대 메이저 리그로 알려져 있습니다. 그중 한국과 중국 리그는 세계 최고의 리그로 꼽힙니다.

페이커를 포함한 T1 선수들은 팀 결성 이후 첫 대회인 2013 LCK에 참가합니다. 프로무대에 선 페이커의 마음가짐도 달라졌습니다.

'이제부터 진짜 시작이야! 그동안 다져왔던 실력을 펼쳐보자! 긴장하지 않고 평소 하던 대로만 하면 돼!'

T1 멤버들은 그동안 갈고 닦은 기량을 펼치면서 엄청난 활약을 보여주었습니다. 페이커도 훈련을 통해 쌓아 올린 팀워크뿐 아니라 자신의 기량을 맘껏 펼쳤습니다.

T1은 8강까지 질주했지만 8강에서 당시 우승팀이던 MVP 오존에 패하면서 4강 진출에는 실패했습니다. 4강 진출은 좌절됐지만 팀을 구성하고 이끌었던 김정균 코치는 한껏 상기됐습니다.

"실망할 필요 없어. 첫 프로경기인데도 이만큼 한 건 정말 너무 잘한 거야! 특히 나는 너희들의 가능성을 봤어. 우리에게 부족한 건 팀 플레이이니, 앞으로 그 부분을 집중적으로 연습해보자."

하지만 페이커는 아쉬움이 남았습니다. 페이커는 좌절을 통해 프로게이머의 승부의 세계에 대해서 많은 것을 배웠습니다.

'역시 프로게임단의 실력은 생각했던 것보다 강한걸? 이 경험을 계기로 앞으로 좀 더 열심히 실력을 쌓아야겠어.'

T1 선수들은 스프링 시즌의 실패를 교훈 삼아 팀워크를 새롭게 다지고, LCK 서머 시즌을 위해 열심히 준비했습니다.

프로게이머의 하루

낮 12~1시	경기 장면 다시보기
1~4시	팀 연습
4~5시	식사
5~6시	자유시간
6~7시	개별 연습
7~10시	팀 연습
11시	식사
11~오전 4시	개별 연습

프로게이머들의 하루는 오후 12시가 거의 다 되어 시작하는 경우가 많습니다. 보통 새벽까지 혼자 게임을 연습하다 자는 경우가 많기 때문입니다. 페이커의 경우 보통 오전 11시 30분 정도에 일어납니다. 이후 간단하게 아침을 먹고 바로 그리고 12시부터 지난 경기를 다시 보며 경기를 복기합니다. 이후 팀원들이 모두 모여 약 3시간 동안 팀 플레이를 진행합니다. 이때 팀의 전략을 짜고 경기에 대한 토론도 진행합니다. 이 시간에는 전문 트레이너와 함께하는 스트레칭 시간도 있습니다.

잠시 휴식시간을 가진 후 약 1시간가량 솔로랭크에서 게임을 하는 개별 연습 시간을 갖습니다. 이후 또 약 3시간 동안 팀 훈련을 하고, 밤 11시 늦은 저녁식사를 하고 잠시 쉰 뒤, 새벽까지 혼자 연습을 진행합니다. 이때 새로운 챔피언을 익힌다거나 그동안 부족했던 부분을 보완하는 연습을 합니다. 새벽에 홀로 연습하는 시간은 매일 약 5시간 정도 됩니다. 그리고 잠자리에 듭니다.

다음 날도 비슷한 루틴으로 하루를 보냅니다. 평균적으로 하루 13시간을 연습을 하는 데 보내는 셈입니다.

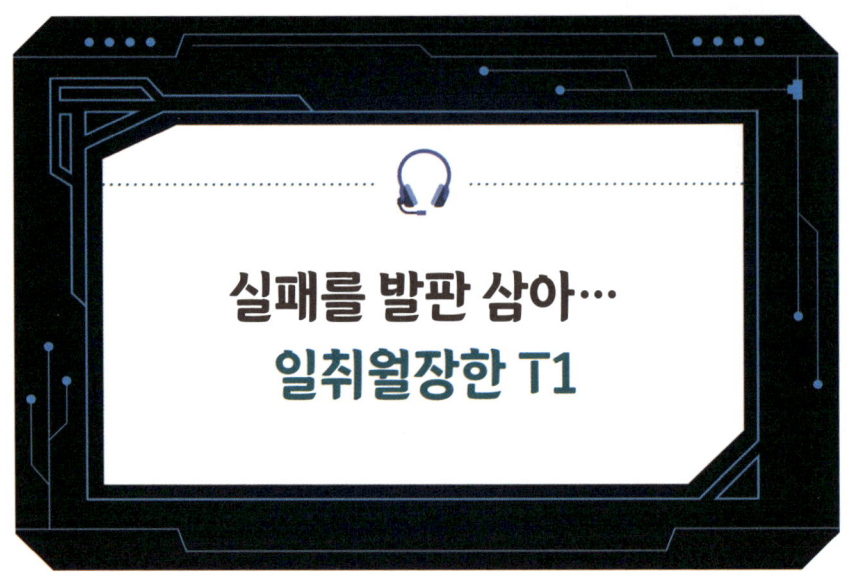

실패를 발판 삼아…
일취월장한 T1

　김정균 코치와 T1 선수들은 어떻게 시간이 갔는지 모를 만큼 연습에 연습을 거듭했습니다. 그리고 드디어 LCK 서머 시즌을 맞이했습니다. 그간 부족한 부분을 고치고 팀원 간의 호흡을 맞춰온 T1 선수들의 자신감은 그 어느 때보다 높았습니다.

　"대망의 2013 LCK 서머 시즌 경기를 시작합니다. 과연 올해의 우승은 어느 팀이 차지할지! 팬들의 기대가 이곳 경기장에 집중되고 있습니다."

장내 아나운서의 힘찬 목소리가 경기장에 울려 퍼졌습니다.

서머 시즌 T1은 거침없이 질주했습니다. T1의 상대는 아무도 없는 것처럼 보였습니다. T1은 16강과 8강에서 단 한 번의 패배 없이 놀라운 성적을 기록하며 4강에 진출했습니다.

"아, 정말 우리가 열심히 연습하긴 했나 보다. 우리만큼 강한 팀은 없는 것처럼 보여."

팀원들의 자신감도 넘쳤습니다.

4강전의 상대는 지난 스프링 시즌 T1에게 패배를 안겼던 MVP 오존이었습니다.

'우리에게 패배를 안긴 팀인데, 우리가 성장했다면 이번에 져서는 안 돼.'

페이커는 다음을 다잡았습니다.

페이커와 T1은 그동안 주력했던 팀워크를 아낌없이 발휘했습니다. 그 모습을 본 관중석과 중계진들은 T1의 경기력에 깜짝 놀랐습니다.

"아, 바로 몇 개월 전 MVP 오존에게 패배를 당했던 T1의 모습이 맞나요? 전혀 다른 팀이 돼 있습니다. 특히 페이커의 움직임은 누구도 당해낼 수 없네요."

"아, 페이커! 진짜 이름값을 하는군요. 갑자기 나타나서 엄청난 기술을 보여줍니다!"

결국 4강에서 T1은 3대1로 MVP 오존을 무너뜨리며 봄시즌의 굴욕을 깨끗이 갚았습니다.

드디어 대망의 결승전이 다가왔습니다. 2013년 8월 31일 서울 잠실 보조 경기장. 강력한 우승 후보 KT 불리츠와 SKT T1이 맞붙었습니다. 이날 경기장에는 부슬부슬 비가 내렸습니다. 팬들은 우비를 입고, 우산을 쓴 채로 자신의 팀을 응원할 정도로 경기장의 열기는 뜨거웠습니다.

결승에서 붙은 KT 불리츠는 우승 후보다운 면모를 보였습니다. SKT는 KT에 두 세트 연속 패배를 당했습니다.

'아, 역시 쉽지 않은 상대군. 한 판만 더 진다면 그간의 노력들이 아까운 결과를 남기게 될 거야. 조금만 더 집중을 해보자.'

페이커는 우승 트로피가 멀어져가는 불안한 상황에서 오히려 마음을 다잡았습니다.

5판 3승제인 만큼, 2승을 거둔 KT 불리츠 팬들은 이미 우승을 눈앞에 둔 분위기였습니다. KT 선수들도 자신감이 넘쳤습니다. 경기 시작 전에 내리던 비는 거의 그쳤고, 경기장은 점점 어둠이 깔렸습니다.

페이커는 고민했습니다.

'아, 이대로 물러설 순 없어. 뭔가 새로운 전략이 필요해.'

드디어 시작된 3세트. T1은 앞선 두 세트와는 다른 챔피언을 선택해 다른 전략을 구사하기로 했습니다.

페이커는 이번엔 '제드'를 선택했습니다. '제드'는 빠른 움직임과 분신술로 상대방을 순식간에 제압할 수 있는 강력한 캐릭터입니다. 반면에 방어가 약하다는 단점이 있었습니다. 페이커는 자신을 믿었습니다.

'이번 세트에서 실수는 절대 용납할 수 없어.'

페이커의 모든 정신과 몸을 집중했습니다. 다행히 페이커의 선택은 틀리지 않았습니다. 제드는 빠르게 상대팀을 제압했습니다. 3세트의 분위기는 완전히 반전됐습니다. 페이커의 활약 덕에 T1은 단 20분 만에 상대팀 넥서스를 완전히 무너뜨렸습니다. 눈 앞에서 우승컵을 놓친 KT 불리츠의 선수들의 얼굴에는 당황한 기색이 역력했습니다.

눈앞에서 우승을 놓친 KT 선수들은 충격에서 벗어나지 못했습니다. 4세트가 시작됐지만 승리의 기운은 T1 쪽으로 향하는 분위기였습니다. 특히 페이커가 제대로 실력 발휘를 하며 경기를 주도한 결과, 4세트도 T1의 승리로 끝났습니다.

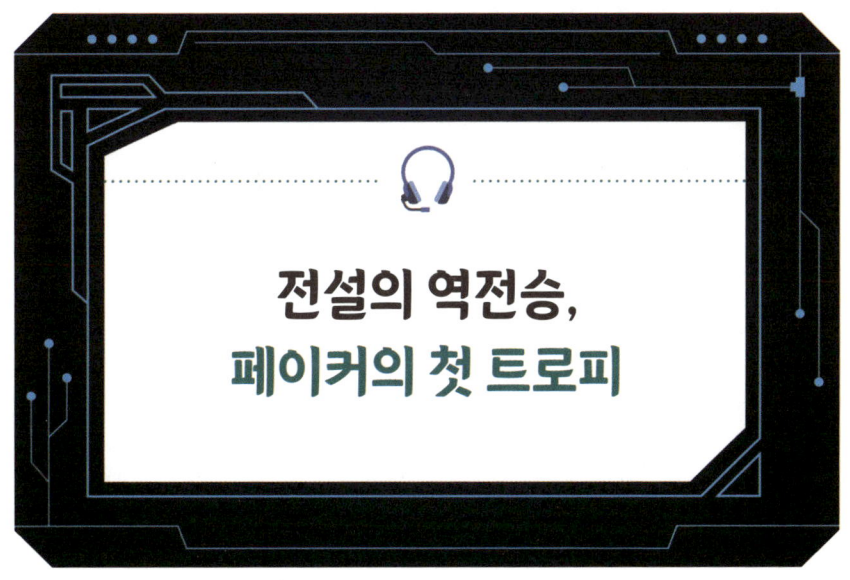

전설의 역전승, 페이커의 첫 트로피

T1의 활약 덕에 마지막 5세트는 밤 12시가 넘어선 시간에 시작됐습니다. 세 번의 연속 승리로 우승컵을 들어올릴 줄 알았던 KT 불리츠는 두 번의 패배를 기록하고 다급해졌습니다. 스코어는 2:2. 마지막 경기에 사활을 걸어야 하는 순간이었습니다.

당시 KT의 유명한 미드라이너 '류'도 긴장한 상황이었습니다. 3세트 이후 페이커를 의식한 탓인지 마지막 세트에서는 페이커와 류 모두 '제드'를 선택했습니다. 우승컵을 들어올리냐 마느냐를 결정지을 중요한 마지막 5세트인 만큼, 페이커의 제드와 류의 제드는 서로 치열한 싸움을 이어갔습니다.

　류의 제드는 페이커의 제드를 잡기 위해 빠르게 추격해 나갔습니다. 페이커는 류의 추격을 피해 빠르게 도망쳤습니다. 류도 도망가는 페이커를 온 힘을 다해 쫓아갔습니다. 그런데, 그 순간 도망가던 페이커가 갑자기 돌변했습니다. 갑자기 류를 향해 돌아서더니 화려한 컨트롤로 류를 역공하기 시작했습니다. 무방비 상태였던 류의 제드는 페이커 제드에 킬을 당하고 SKT T1은 결국 승리로 경기의 막을 내릴 수 있었습니다. 페이커의 전략과 화려한 기술력을 펼치던 장면은 10년이 지나도 회자되는 명장면으로 꼽히고 있습니다.

 VS

페이커는 결국 2013 LCK 서머리그에서 우승컵을 들어올렸습니다. T1 팀의 첫 승리 기록이자, 프로게이머로서 페이커의 첫 우승컵으로 기록되고 있습니다. 그리고 그해 페이커는 MVP를 차지하기도 했습니다. 이 모든 것이 팀 창단 9개월 만에 이뤄낸 성과입니다.

"정말 감사합니다. 이 모든 것은 팬분들 응원 덕분입니다! 1, 2세트에서 졌을 때 정신을 똑바로 차려야 한다고 생각했는데, 팬들의 응원 덕분에 좋은 결과로 이어질 수 있었습니다."

페이커는 롤챔스 첫 우승 후 인터뷰를 통해 팬들에게 감사의 인사를 전할 수 있어서 기뻤습니다. 그리고 앞으로도 팬들에게 더 기쁨을 드릴 수 있도록 좋은 결과를 많이 만들어내야겠다고 다짐했습니다.

거침없는 질주

롤드컵 첫 우승

한국 리그를 제패한 T1은 롤드컵 본선에도 초청됐습니다. 롤드컵은 롤 제작사 라이엇게임즈가 2011년부터 개최해온 행사로, 전 세계 롤 프로게이머들이 모이는 가장 큰 규모의 국제 대회입니다.

2013년 LA 스테이플센터에서 열린 롤드컵에는 한국을 비롯해 미국과 유럽, 중국 등 6개 지역에서 14개 팀이 본선에 진출했습니다. 이 무대에 걸린 상금은 100만 달러, 당시 우리 돈으로 약 11억 원 규모였습니다.

페이커가 속한 한국의 T1은 이번 대회의 강력한 우승 후보로 기대감이 높은 상태였습니다. 페이커에게는 프로게이머로는 처음으로 세계 무대 데뷔전을 치를 중요한 경기였습니다.

17세의 페이커는 처음보는 경기장의 규모와 팬들의 함성에 압도당했지만 마음의 안정을 찾으려고 노력했습니다.

'우리는 누구보다 연습을 많이 했잖아. 그러니 하던 대로 하면 돼.'

페이커는 많은 연습량을 기반으로 '누구를 만나든지 이길 수 있다'는 마음으로 매 경기에 임했습니다. 그 결과 T1은 처음 진출한 국제 무대에서 결승전까지 진출하는 기염을 토했습니다. 모두가 기대했던 만큼 T1의 기량은 전 세계를 놀라게 했습니다.

결승전에 올라온 상대팀은 막강한 우승 후보로 점쳐지던 중국의 로얄클럽 황주였습니다.

2013년 10월 4일 저녁 8시. 1만 2000명 관중의 뜨거운 환호 속에, 오케스트라의 연주가 롤드컵 결승전의 시작을 알렸습니다.

중계진들은 결승전이 시작되기 전 올해 소환사의 컵을 들어올릴 팀을 예측했습니다.

"이번 경기의 승자는 누구로 예상하나요?"

"당연히 중국팀이죠. 중국 리그는 이미 세계 최고의 실력을 갖추고 있잖아요. 로열클럽 황주는 LPL에서 1위를 차지했으니까 이미 실력이 검증됐다고 할 수 있죠."

대부분의 해설자들은 중국팀의 승리를 점쳤습니다.

"하지만 최근 T1의 기량은 놀라울 정도예요. 특히 한국팀에는 페이커가 있잖아요. 페이커의 경기를 보신 분들은 당연히 T1이 우승할 거라고 생각할 겁니다."

페이커의 첫 세계 무대 리그였지만 이미 많은 사람들이 페이커의 기량을 알아보고 있었습니다.

한국에서는 미국 LA에서 펼쳐지는 경기가 게임채널을 통해 생중계되고, 용산의 e스포츠 경기장에서는 응원전이 펼쳐졌습니다. 한 영화관에서는 영화관 스크린을 통해 팬들이 즐길 수 있도록 극장을 통째로 내주기도 했습니다.

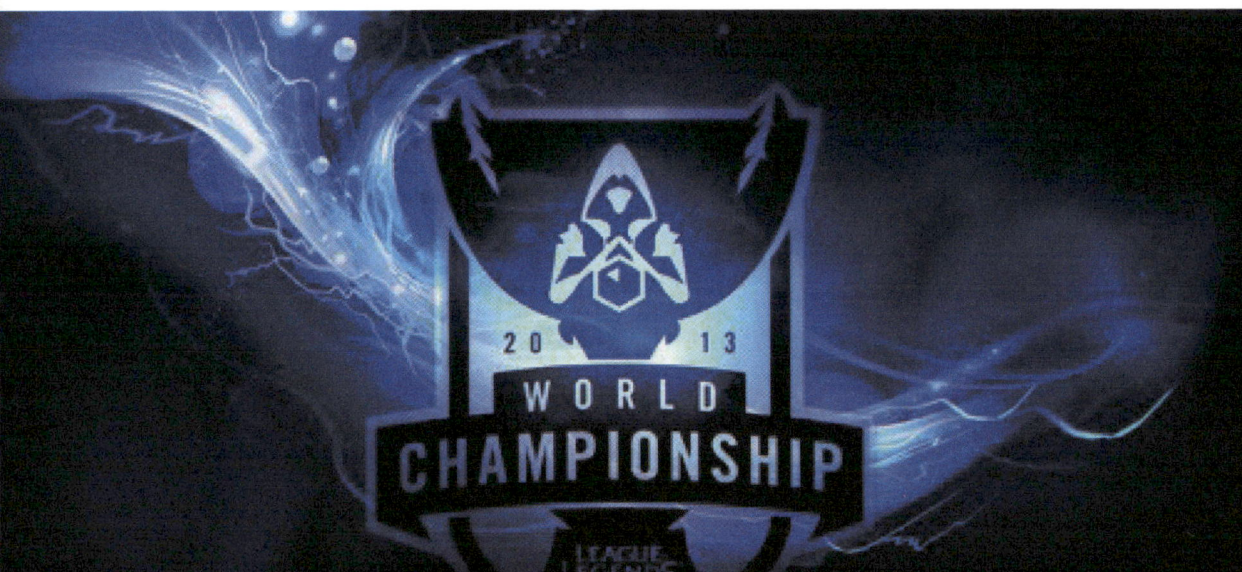

드디어 막을 올린 롤드컵 결승전! 놀랍게도 페이커의 T1은 중국팀에게 단 한 번의 승리도 허용하지 않았습니다. 중국팀을 3-0으로 완파하며 결국 소환사의 컵을 들어올렸습니다.

팀 구성원 모두가 하나의 목표를 갖고, 하루 14시간씩 연습을 하며 팀워크를 다진 결과입니다. 소환사의 컵을 들고 한국으로 돌아온 팀원들은 융숭한 환영을 받았고, 이후 발리로 포상휴가를 떠나기도 했습니다.

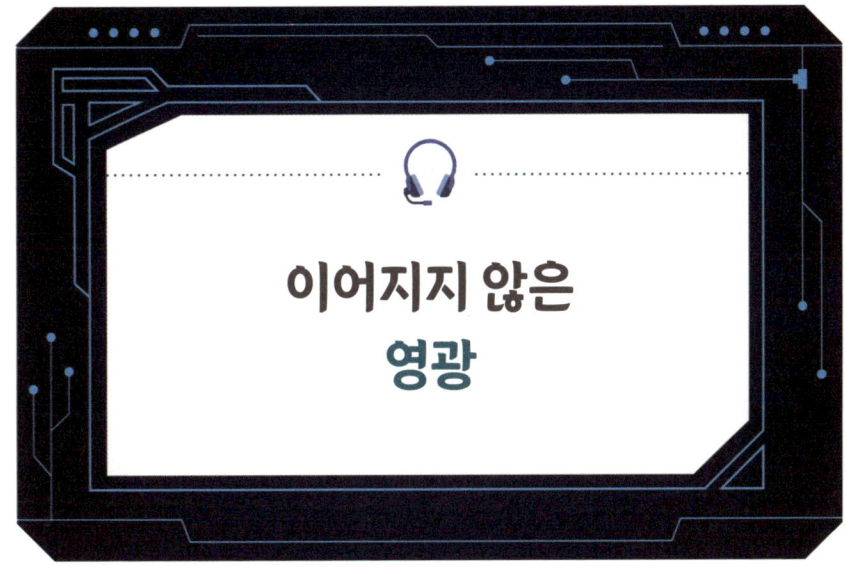

이어지지 않은 영광

2013년 롤드컵 우승으로 페이커는 전 세계에 이름을 알렸습니다. T1은 귀국 이후 열린 LCK의 윈터 시즌에서도 무려 '전승 우승'을 기록하며 세계 1위 실력을 마음껏 뽐냈습니다.

하지만 영광이 계속되지는 못했습니다. 팀 내 푸만두라는 닉네임의 이정현 선수가 건강 악화로 더 이상 게임을 진행하지 못하는 상황이 됐습니다. 2개월간 공백기를 가졌던 푸만두는 팀 창단 1년 만에 은퇴를 결정했습니다. T1은 그가 없는 자리를 메울 새로운 팀원을 찾아야 하는 상황이 됐습니다.

팀워크는 예전같이 강력한 힘을 발휘하지 못했습니다. 결국 T1은 2014 LCK 스프링 시즌에는 4강 진출에 실패하고 말았습니다. 그해 미드 시즌 인비테이셔널(MSI)이라는 중요한 국제대회에서도 준우승에 그치고 말았습니다.

안타깝게도 '페이커' 이상혁과 '벵기' 배성웅을 제외하곤 2013년 롤드컵의 영웅들은 T1과 재계약을 하지 못했습니다. 매일 동거동락하며 열심히 연습하고 영광의 순간을 함께 누렸던 팀원들을 떠나보내고, 몇몇 선수만 팀에 남게 됐습니다. 페이커의 마음도 동요됐습니다.

'프로의 세계란 냉정하구나. 프로게이머의 생명은 짧다는 것은 예상했지만, 이렇게나 짧을 수 있다니….'

페이커는 앞으로 자신에게 남은 시간도 길지 않을 수 있다는 생각으로 주어진 시간에 최선을 다해야겠다고 다짐했습니다.

페이커의 노력에도 불구하고 2014년 T1은 지난해 롤드컵 우승팀이라는 명성에 맞지 않게 롤드컵 본선에도 진출하지 못하는 굴욕을 당했습니다. 창단 이후 첫 대회를 준비했을 때와 비교하면 새 팀원들과 호흡을 맞출 시간이 충분하지 않았던 탓입니다.

신문기사에서는 연일 '천하의 페이커도 속수무책 당했다', '페이커의 시대가 막을 내렸다'는 등의 기사를 내보냈습니다.

페이커는 냉정한 스포츠의 세계에서 프로선수가 받아들여야 하는 몫이라고 생각했습니다.

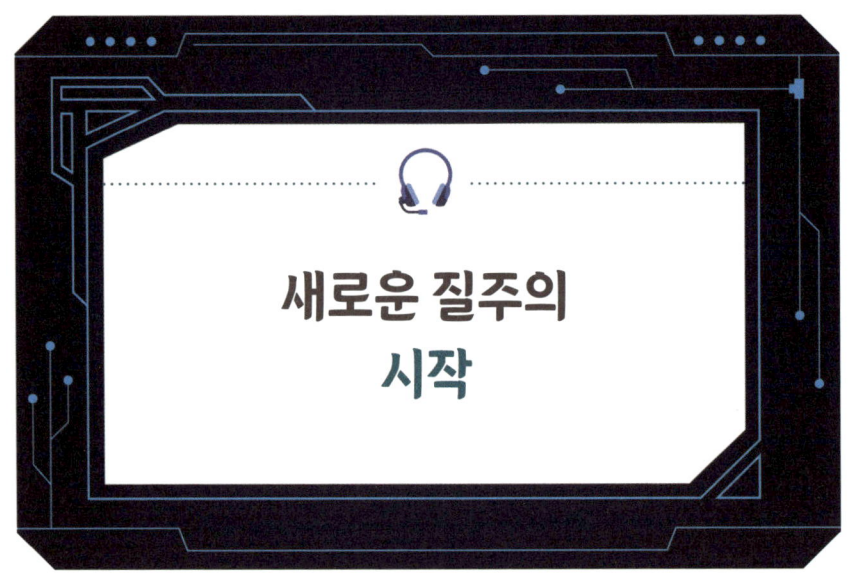

새로운 질주의 시작

'내가 좀 더 잘했더라면 이런 결과를 맞지 않았을 텐데….'
페이커는 자책하며 자신의 경기를 복기하고 점검했습니다.
2014 LCK 4강 실패, 롤드컵 진출 실패 등 굴욕을 만회하기 위해 페이커는 이전보다 더 많은 연습을 했습니다.
이전에도 연습을 게을리한 적이 없었지만 페이커는 쉬는 시간이 거의 없이, 잠자고 밥먹는 시간을 빼고는 연습에 매달렸습니다. '페이커의 시대가 막을 내렸다'는 평가가 틀렸다는 것을 증명하고 싶었습니다. 연습을 너무 많이 한 나머지 페이커는 이때부터 안경을 쓰기 시작했습니다. 건강을 해칠까 걱정하는 가족들의 만류에도 페이커를 막을 수 없었습니다.

그 결과 페이커는 2015년 LCK 스프링 시즌부터 놀라운 기

량을 보여줬습니다. 1라운드까지만 해도 SKT T1이 기량을 회복할 것으로 예상하는 사람들은 많지 않았습니다.

하지만 새롭게 꾸려진 팀은 경기가 진행될수록 서로의 약점을 보완하면 점점 완벽해져 갔습니다. 페이커와 팀원의 뼈를 깎는 노력을 통해 2015년 LCK 스프링 시즌에는 두 번째 우승을 차지했습니다. 승률은 무려 70%로, SKT T1은 다시 최강팀으로 자리 잡았습니다.

페이커 스스로도 기량이 크게 좋아진 것을 느꼈습니다. 챔피언들의 움직임은 몰라보게 빨라졌습니다.

스프링 시즌 우승팀인 T1은 전년도 탈락했던 MSI에 자동 진출권을 따냈습니다.

MSI는 봄과 여름 시즌 사이에 열리는 국제대회입니다. 2015 MSI의 총 상금은 20만 달러로 당시 환율 기준 2억 2000만 원이었습니다. SKT T1을 비롯해 에드워드게이밍(중국), 팀솔로미드(북미), 프나틱(유럽), AHQe스포츠클럽(동남아), 베식타스(터키) 등 총 6개 지역의 대표팀이 참가했습니다.

한국에서 스프링 시즌을 마감한 지 이틀 만에 미국 플로리다로 옮겨간 T1은 빡빡한 스케줄에도 향상된 기량을 높이 뽐냈습니다. MSI 개막전에서 SKT T1은 중국, 터키, 북미팀을 전승으로 제압했습니다. 이 과정에서 페이커는 '르블랑'이라는 챔피언으로 12승 행진을 이어갔습니다. 하지만 결승에서 페이커의 '르블랑'에 철저하게 대비한 중국EDG에 패하며 준우승에 만족해야 했습니다.

2015년 LCK 서머 시즌은 그 어느 때보다 중요한 경기였습니다. 라이엇게임즈가 롤 월드 챔피언십에 진출방법을 바꿨기 때문입니다. 스프링 시즌이 아닌 서머 시즌에서 우수한 기량을 보인 팀이 연말에 진행되는 롤챔스에 직행하는 방식으로 바꾼 겁니다. 바로 직전 경기에서 가장 기량이 높은 팀을 경기에 배치해 롤드컵의 재미를 극대화하려는 의도였습니다.

2015년 서머 시즌에서 T1은 더욱 강해졌습니다. 무려 17승 1패, 승률 84.3%라는 어마어마한 성적으로 결승전에 진출했습니다. 그리고 KT 롤스터를 3:0으로 압도하고 롤드컵 진출 티켓을 따냈습니다.

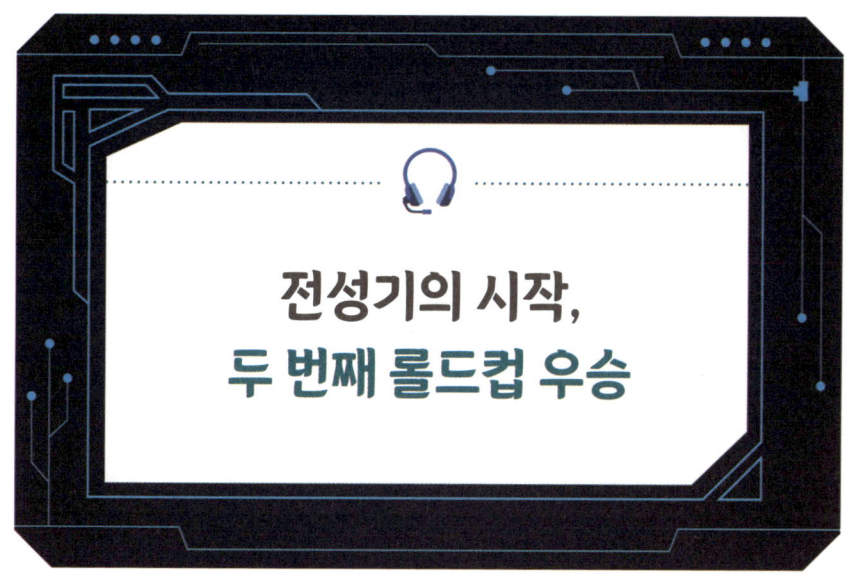

전성기의 시작, 두 번째 롤드컵 우승

　LCK 스프링과 서머 우승, MSI 준우승이라는 화려한 2015년을 보낸 페이커가 종지부를 찍은 경기는 프랑스 파리에서 개최된 2015년 롤드컵입니다. 2014년 롤드컵 본선에도 진출하지 못했다는 굴욕을 씻어내기 위해 페이커는 온 역량을 집중했습니다.

　기량이 한껏 올라온 T1은 MSI에서 T1에게 준우승을 안긴 EDG를 16강에서 완벽하게 복수했습니다. 그리고 8강과 4강에서 '전승'이라는 놀라운 결과를 기록하며 결승에 진출했습니다.

2015년 롤드컵은 그야말로 '한국'의 해였습니다. 한국 팀들은 전통의 강자 중국을 제치고, 새로운 강호 유럽도 무너뜨렸습니다.

결승전에는 한국의 두 팀, SKT T1과 KOO 타이거즈가 올라왔습니다. KOO 타이거즈는 모두의 예상을 뒤엎고 롤드컵 결승전까지 올라온 놀라운 실력을 보여 주었습니다.

드디어 결전의 날. 페이커는 '라이즈'라는 챔피언을 선택했습니다. 라이즈는 초반에 잘 성장시켜야만 게임 중후반에 더욱 강해지는 챔피언이기 때문에 초반 공격에는 속수무책으로 당하기 쉽다는 단점이 있습니다. 롤드컵 결승전이라는 중요한 경기에서 페이커가 라이즈를 택하자, 모두가 탄성을 질렀습니다.

실제로 이때까지 페이커가 자주 사용하는 캐릭터 중에 높은 승률을 가진 챔피언은 르블랑이었고, 이어 이즈리얼, 빅토르 순이었습니다.

〈르블랑, 이즈리얼, 빅토르〉

페이커는 다양한 챔피언으로 고승률을 유지하는 선수로 알려져 있습니다. 그러려면 수많은 챔피언의 특징뿐 아니라 룬*이 결합됐을 때의 기능과 전략이 모두 머릿속에 있어야 합니다. 또한 끊임없는 연습을 통해 몸에 완전히 익혀야만 가능한 일입니다. 거기에 상대방의 챔피언과 게임 스타일까지 계산에 넣어 대비해야 하니, 그만큼 페이커가 연구를 많이 하고 연습량도 많았다는 뜻입니다.

전성기로 불렸던 2015년 롤드컵 결승에서 T1은 1, 2세트를 따내며 승리를 목전에 뒀지만, 3세트를 내주며 전승 우승이라는 업적은 놓쳤습니다.

하지만 4세트를 승리로 이끌며 페이커는 롤드컵에서 두 번째 소환사의 컵을 들어올리는 데 성공했습니다.

롤드컵에서 두 번 연속 우승컵을 들어올린 것은 T1이 처음입니다. 특히 페이커 이상혁과 뱅기 배성웅은 당시 두 번의 소환사 컵을 들어올린 유일한 선수로 기록됐습니다.

* **챔피언의 보조능력**

"이렇게 훌륭한 분들 앞에서 대상을 받아서 영광입니다. 내년에도 좋은 경기를 보여드리기 위해서 많은 노력을 기울이겠습니다."

페이커는 벅차오르는 가슴으로 팬들에게 감사의 인사를 전했습니다.

페이커의 업적은 국내에서도 큰 화제를 불러 일으키며 e스포츠의 위상도 한층 높아졌습니다. 페이커는 2015년 대한민국 e스포츠 대상에서 대상의 영예를 안았습니다.

벵기는 2015년 페이커와 함께 두 번의 우승컵을 들어올린 한국 최고의 정글러입니다. 정글러는 유리한 경기보다는 불리한 경기에서 빛을 발하는 포지션입니다. 2015년 롤드컵에서는 불리한 교전에서 가장 후방의 상대의 추격을 막아내며 반격의 여지를 만들어 주는 등 벵기의 동분서주에 '15승 1패'라는 압도적 승률을 만들어 낼 수 있었습니다.

2015년이 T1이나 한국의 롤 팬들에게는 최고의 한 해였지만 선수들에게는 고통스러운 한 해 였습니다. 최고의 결과를 만들어내기 위한 피나는 노력 때문입니다. 당시 벵기는 인터뷰를 통해 "2015년이 영광스러운 한 해였지만 다시 그때로 돌아가고 싶지는 않다"라고 말하기도 했습니다.

페이커의 챔피언들

페이커가 프로로 데뷔한 2013년엔 공격적인 챔피언을 선호했습니다. 카서스, 오리아나, 라이즈 같은 챔피언뿐 아니라 니달리, 르블랑, 신드라, 제드 같은 챔피언을 고루 다루며 한국 최고의 미드라이너로 자리매김했습니다. 이후 선택한 '제드'는 이상혁을 세계적인 미드라이너로 승격시키는 데 중요한 역할을 했습니다. 제드, 아리, 룰루는 페이커가 사용한 챔피언들 중에 승률이 높은 챔피언으로 꼽힙니다.

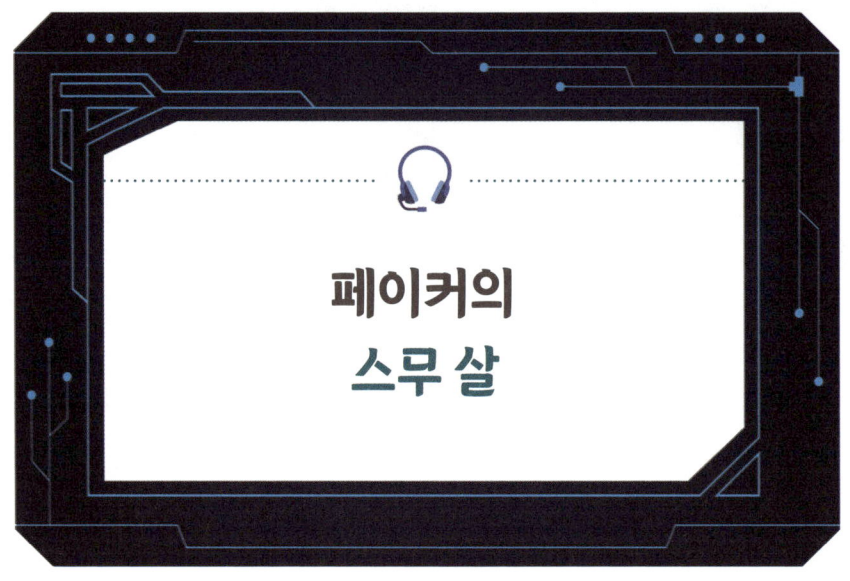

페이커의 스무 살

　열일곱 살에 프로선수가 된 페이커는 2016년 프로생활 3년 차에 어느새 스무 살이 됐습니다. 프로선수들 사이에서는 최고의 성과를 이룬 선배이자, 이제 언제든지 e스포츠를 떠나도 이상하지 않을 고령 선수에 속했습니다.

　"벌써 스무 살이 됐네, 프로게이머의 수명은 짧은데 이만큼이라도 할 수 있어서 정말 다행이야. 하지만 앞으로 남은 시간을 정말 소중히 여기며 최선을 다해야지."

페이커는 자신뿐만 아니라 팀에 대한 책임감이 더 높아졌습니다.

롤드컵에서 한국 선수들이 실력을 발휘하자 해외 리그에서도 한국 선수들을 탐내는 일이 많았습니다. 특히 페이커를 영입하기 위한 각 구단의 경쟁도 심화됐습니다. 특히 재정적으로 부유한 게임단은 페이커를 영입하기 위해 거금을 준비했습니다.

"저희 팀에서 이상혁 선수를 최고의 조건으로 영입하고 싶습니다. 현재 연봉의 몇 배를 드릴 수도 있습니다."

중국의 한 구단은 페이커를 영입하기 위해 온갖 공을 들였습니다.

하지만 페이커는 아무리 높은 연봉 제안에도 전혀 흔들림이 없었습니다.

"저를 응원해준 한국 팬들을 실망시켜드리고 싶지 않습니다. 그리고 저는 지금 팀에서도 아직 이룰 것이 더 많다고 생각합니다."

페이커는 자신을 응원해준 팬과 자신을 알아봐 주고, 지원을 아끼지 않은 팀을 놓을 수 없었습니다.

이미 최고의 자리에 있으면서도 '아직 더 해야 할 것이 많다'고 생각했습니다. 페이커는 이제 자신뿐 아니라 팀을 위한 기여를 하고 싶었습니다.

정상의 위치에 선 페이커에게 이러 저런 유혹이 다가왔지만 페이커는 중심을 잡고 자신이 해야 할 일만 생각했습니다. T1과의 의리를 지킨 페이커는 이후 T1의 상징으로 자리잡았습니다.

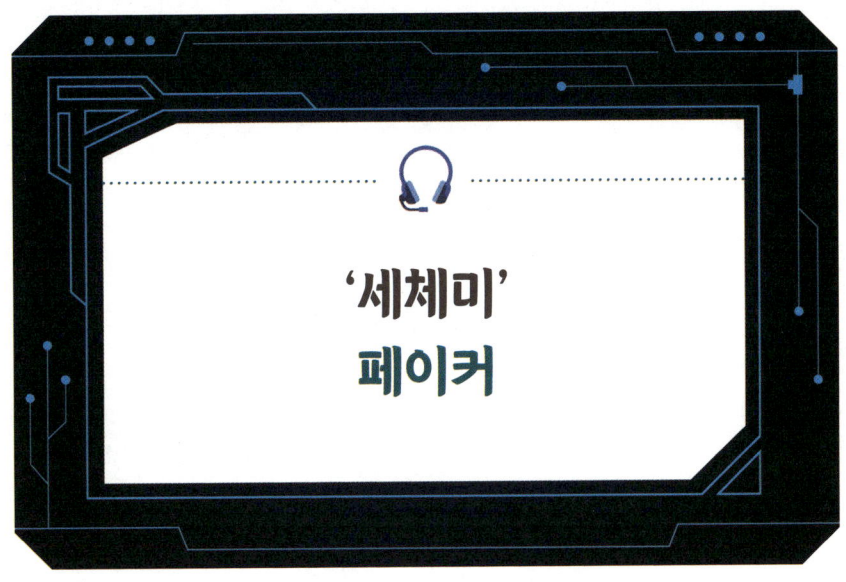

'세체미' 페이커

2016년 T1은 더 단단해졌습니다. 페이커와 벵기를 비롯한 우승의 주역과 신예들이 새로운 팀으로 구성됐습니다. 팀 결성 초기와는 달리 새로운 팀원을 맞이했어도 팀워크는 흔들리지 않았습니다.

페이커의 기량은 그 누구도 막을 수 없는 불도저 같았습니다. 2016 LCK 개막전에서 페이커는 이전에 한 번도 사용하지 않은 챔피언 코르키를 선보였습니다.

"코르키는 정말 나한테 잘 맞는 챔피언 같아. 아직도 연습할 챔피언이 많다니… 정말 흥미로운 게임이야. 올해도 롤드컵에서 한 번 더 우승할 수 있도록 최선을 다해야지."

자신감에 찬 페이커의 환상적인 플레이는 세 번째 롤드컵 우승도 불가능하지 않을 것처럼 보였습니다.

페이커는 2016년에 LCK 스프링, MSI 우승컵을 추가했습니다. 서머 시즌은 아쉽게 3위에 그쳤지만, 롤드컵에서 좋은 성적을 거두기 위해 페이커는 마음을 다 잡았습니다.

"이럴 때일수록 자만하면 안 돼. 2013년 정상에 오른 뒤 다음에 부진을 경험했잖아. 같은 실수를 반복해서는 안 돼."

롤 팬들은 지난 2015년 입이 떡 벌어질 만큼 화려한 플레이로 연승행진을 선사했던 페이커와 T1에게 더 많은 찬사와 기대를 보냈습니다. 페이커도 팬들을 실망시키고 싶지 않았습니다.

하지만 페이커의 실력이 향상된 만큼 전 세계 선수들의 실력도 상향평준화 됐습니다. 페이커와 T1은 최선을 다했지만 롤드컵의 모든 경기에서 원하는 만큼의 성적을 거두지는 못했습니다. 특히 경기 초반에는 승률이 50%를 겨우 넘을 정도로 만족스럽지 못했습니다. 특히 4강에서 만난 중국의 락스 타이거즈와의 경기는 페이커를 예상 외로 힘들게 했습니다.

"애쉬와 미스포츈의 조합에서 어떤 챔피언이 우리를 힘들게 했던 거지? 어떤 챔피언을 밴해야 하는지 판단이 안 서."

페이커의 예상과 달리 힘든 경기를 치렀지만 어려운 상황에서도 동료와의 협공을 통해 다음 라운드에 진출할 수 있었습니다. 패배의 기운이 드리운 경기였지만 다행히 팀워크를 발휘하며 결승에 진출할 수 있었습니다.

"아, 이번 롤드컵은 정말 쉽지 않구나. 연거푸 강팀을 만나니 전략 파악도 쉽지 않고, 모든 팀의 기량이 많이 향상됐다는 걸 느껴. 결승도 최고의 팀과 맞붙게 되니 한시도 정신을 놓아선 안 돼. 조금만 힘을 내보자."

하지만 롤드컵 후반으로 갈수록 선수들은 노련미를 발휘했습니다. 2016년 10월 LA 스테이블센터. 3년 전 첫 롤드컵에 출전해 우승컵을 들어올렸던 그 무대에, 페이커는 다시 섰습니다. 1만 5000여 명의 관중들이 그를 지켜보고 있었습니다. 상대팀은 한국의 삼성 갤럭시, 2014년 롤드컵 우승팀이자 국내에서도 지속적으로 우수한 성적을 내고 있는 팀이었습니다.

드디어 시작된 삼성 갤럭시와의 경기에서 T1은 페이커-뱅기의 협공을 통해 1, 2세트 선취점을 따냈습니다. 특히 페이커가 선택한 라이즈는 거세게 상대를 몰아붙였고, 30분도 안 돼 넥서스를 무너뜨리는 결과를 만들어 냈습니다.

3세트에서는 삼성이 SKT의 공격을 잘 버텨 냈습니다. 두 팀의 경기는 한 시간이 넘도록 접전을 벌였습니다. 그 결과 T1은 갤럭시에 3세트를 내주고 말았습니다.

페이커는 네 번째 세트에서는 승부를 보고 싶었습니다.

"이번에 끝내지 않으면 더 불안한 경기를 치러야 할지 몰라. 최악의 상황은 만들지 말자."

그렇게 맞이한 4세트에서도 삼성 갤럭시의 활약에 SKT T1의 넥서스가 파괴되고 말았습니다. 롤드컵 우승을 코앞에 두고 한 경기를 더 치러야 하는 상황이 됐습니다.

5세트까지 이어진 치열한 결승전, SKT T1과 삼성 갤럭시는 마지막 세트에 운명을 걸어야 했습니다.

초반에는 삼성이 앞서 나가는 듯했지만 후반으로 갈수록 SKT가 경기의 주도권을 잡았습니다. 결국 삼성의 미드 억제기와 탑 억제기를 파괴한 SKT가 접전 끝에 결국 승기를 잡아낼 수 있었습니다.

T1은 역사적으로 기록에 남을 세 번째 소환사의 컵을 들어 올렸습니다. 페이커는 '세 번의 롤드컵 우승이자 2회 연속 우승'이라는 유일한 기록을 가진 선수로 기록됐습니다. 이로 인해 페이커는 '세계 최고의 미드라이너'라는 뜻의 '세체미'라는 별명을 다시 한번 증명했습니다.

페이커는 프로선수 인생에서 가장 힘들었던 경기를 치른

대회인 만큼 말로 설명할 수 없을 정도로 기뻤습니다.

페이커는 경기 후 인터뷰를 통해 "올해도 내가 최고가 될 수 있을까? 하고 생각했지만, 결국 최고가 됐다"며 "2017년에는 롤드컵 3년 연속 우승이라는 기록을 세우고 싶다"고 말했습니다.

페이커의 눈물

페이커는 세계에서 유일한 기록을 가진 선수가 됐지만 여전히 이뤄야 할 것이 많다고 생각했습니다.

'높은 연봉이나 팬들이 주신 사랑을 생각하면 여기서 멈출 수 없어. 지금부터 중요한 건 나 자신과의 싸움이야.'

페이커는 더 큰 책임감을 느꼈습니다.

실제로 정점에 이룬 선수들은 과거에 자신이 세운 기록을 깨는 것이 최대의 목표이며, 가장 중요한 경쟁 상대는 바로 자기 자신이라고 생각하며 더욱 노력하는 경우가 많습니다. 페이커도 이제는 자신이 세운 목표를 깨기 위해 더욱 매진했습니다. 페이커는 여전히 가장 마지막에 연습실을 나가는 성실한 선수였습니다.

연습을 게을리할 수 없는 이유는 또 있었습니다. 라이엇게임즈는 롤에 계속 새로운 챔피언들을 출시했고, 기존의 챔피언들도 계속 리메이크 돼 선수들은 챔피언에 대한 기능을 끊임없이 익혀야 했습니다.

룰도 복잡해졌습니다. 2017년부터는 상대방이 선택하려는 챔피언을 고르지 못하게 하는 밴의 수가 10개로 늘어났습니다. 때문에 선수들은 몸에 익숙한 챔피언의 수를 파격적으로 늘릴 수밖에 없었습니다.

페이커도 챔피언을 더 다양하게 몸에 익혀 나갔습니다. 그해 LCK 스프링에서는 프로선수들이 잘 선택하지 않는 '카르마'라는 챔피언을 선택해 롤챔스 여섯 번째 우승을 챙겼습니다. 그리고 MSI에서도 팬들에게 우승을 선사하며 왕의 자리를 계속 이어가는 듯 보였습니다.

하지만 2017년 봄부터 페이커와 T1은 내리막을 겪게 됩니다. 그해 여름 LCK에서 T1은 최약체로 분류되던 진에어 그린윙스에 3연패를 당하는 굴욕을 당하기도 했습니다. T1이 정규리그에서 3연패를 당한 것은 창단 이후 처음 있는 일입니다. 준우승을 겨우 지켰지만 롤드컵 3회 우승, LCK 6회 우승을 비롯해 MSI 등 국제대회를 포함해 총 14회 우승을 가진 역대 최강의 팀이기 때문에 팬들의 실망은 컸습니다.

특히 페이커의 경기력이 많이 떨어졌다는 평가가 나왔습니다. 실제로 페이커는 이해되지 않을 만큼 과하거나 허술한 플레이로 팬들을 실망시키는 횟수가 늘었습니다. 팬들은 세계 최강 페이커의 대처에 어리둥절했습니다.

'세계 최고'라는 타이틀이 페이커에게는 정말 무거웠습니다. 팬들의 지적과 비판은 페이커를 더 아프게 했습니다.

2017년 12월 중국 베이징에서 열린 롤드컵 결승. 중국에서 열린 경기였음에도 결승전에서 중국팀의 모습을 볼 수 없었습니다. e스포츠 강국답게 결승에서는 한국의 SKT T1과 삼성 갤럭시가 맞붙었습니다. 지난해에 이어 결승에서 맞붙은 두 팀은 왕좌를 지키려는 자와 빼앗으려는 자 간의 팽팽한 긴장감이 흘렀습니다. 한 번도 우승컵을 들어올려 본 적 없는 삼성 갤럭시는 이번 경기에서 꼭 우승을 하고 말겠다는 집념이 강했습니다.

지난해 우승자라는 타이틀이 있음에도, 페이커는 롤드컵에서 그간의 부진을 깨끗하게 씻어내고 싶었습니다.

"준우승은 아무 의미 없어."

페이커는 꼭 이기고 싶은 마음을 다잡았습니다.

하지만 경기는 페이커가 원하는 대로 풀리지 않았습니다. 페이커는 고군분투했지만 결과는 3대0, 참패였습니다.

"불사대마왕이 쓰러졌습니다. SKT 왕조가 막을 내립니다. 2017 월드 챔피언, 삼성 갤럭시."

장내 아나운서의 말은 페이커의 가슴을 후벼팠습니다. 3대 0이라는 결과를 확인하고 잠시 침묵을 지켰던 페이커는 그대로 책상에 쓰러져 눈물을 쏟아냈습니다.

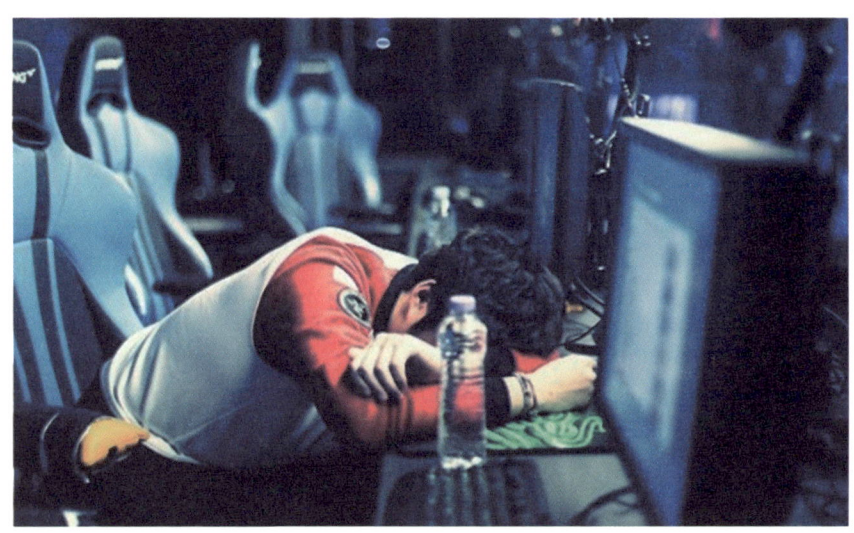

억울함이 올라왔습니다. 오랜 시간 준비했고 고군분투했지만, 상대에게 한 차례도 이기지 못하고 시즌을 마무리해야 한다는 것을 받아들이기 힘들었습니다.

2014년 롤드컵에 나서지 못했을 때도, 2017 롤챔스 서머 결승전에서 패배했을 때도 포커페이스를 지켰던 페이커의 눈물에 전 세계 팬들도 깜짝 놀랐습니다.

하지만 곧 관중석에서는 페이커를 응원하는 소리가 울려퍼졌습니다.

"페이커! 페이커! 페이커."

페이커도 관중석에서 들려오는 응원의 소리를 들었지만 눈물은 쉽게 멈추지 않았습니다. 페이커는 겨우 몸을 일으켜 경기장을 빠져나갔습니다. 당시 중국의 포털사이트에서는 우승팀인 삼성 갤럭시가 아니라 '페이커의 눈물'이 실시간 검색어 1위를 차지했습니다.

암흑 같은 페이커의 시간

이후 페이커는 길고 긴 슬럼프를 겪습니다. 페이커에게 2018년은 정말 힘든 한 해였습니다. LCK 스프링은 4위에 머물렀고, LCK 서머 순위는 7위로 곤두박질쳤습니다. 2018년 한국에서 펼쳐진 롤드컵에는 결승에 진출하지도 못하는 굴욕을 당했습니다.

모든 선수들의 실력이 점점 향상됐고, 그 무엇보다 '페이커만 잡으면 된다'는 미드라이너들은 페이커의 전략을 꼼꼼히 분

석해 페이커를 옴짝달싹 못 하게 했습니다. 페이커는 자신의 자리가 점점 좁아지는 것을 느끼며 압박감이 극에 달했습니다.

페이커는 팀의 지원을 받아 심리상담을 받으면서 마음의 안정을 찾으려고 노력했습니다. 자신의 속마음을 누군가에게 털어놓는 것이 페이커에게 쉬운 일은 아니었지만 페이커는 현명하게 슬럼프를 극복하고 싶었습니다.

"지금 마음이 어때요?"

"길을 찾는데… 점점 더 깜깜해지는 느낌이 들어요."

"왜 그런 것 같아요?"

"앞으로 더 잘할 수 있을 거란 확신이 없어서… 그런 것 같아요."

"최선을 다했잖아요. 경기에선 질 수도, 이길 수도 있죠. 왜 그럴까요?"

"모두가 노력하니까요."

페이커는 이때부터 자신의 감정을 바라보려 노력했습니다. 지금 자신이 흔들리고 슬럼프를 겪고 있는 가장 큰 이유는 '미래에 대한 불안'이었습니다.

'나는 지금까지 최고였고, 앞으로도 그럴 거야. 누구에게나 슬럼프는 있어. 이 시간들을 어떻게 보내느냐에 나의 앞날이 결정될 거야.'

페이커는 슬럼프를 극복하는 나름대로의 방법을 찾기 위해 노력했습니다. 페이커는 책에서 그 답을 찾았습니다. 책을 통해 게임이 아닌 다른 분야의 사람들과 만나면서 페이커는 게임과 조금 거리를 둘 수 있었습니다. 그러자 머릿속이 비워지고, 새로운 생각이 다시 채워지면서 새로운 전략을 짤 수 있게 됐습니다. 게임과 거리를 두니 오히려 다른 관점으로 게임과 가까워지는 기분이 들었습니다.

처음 페이커가 책을 읽기 시작한 것은 학업을 중단한 것에 대한 불안과 배움에 대한 갈망 때문이었습니다. 하지만 2018년 부침을 겪으면서 페이커는 책을 통해 위로를 받았습니다. 페이커가 책을 통해 만난 세상은 오히려 생각의 깊이를 더하고 게임 실력을 키우는 데 도움이 됐습니다.

책을 통해서 페이커는 슬럼프를 극복하는 방법을 배우고 인간의 본질에 대해서 이해할 수 있는 기회가 됐습니다. 또 인간의 심리에 대한 이해가 깊어지면서 페이커는 상대의 심리를 꿰뚫는 전략을 구사할 수 있게 됐습니다.

미디어를 통해서 페이커의 책 읽는 모습이 전해지고, 책을 통해 페이커가 많은 것을 배웠다는 인터뷰가 퍼지면서 사람들은 페이커가 읽은 책에 대해서도 관심을 갖게 됐습니다.

한 온라인 서점에서는 '페이커의 독서목록'을 정해 매장 안에 코너를 만들어 책을 진열하기도 했습니다.

페이커 독서목록

- 『침묵의 봄』, 레이첼 카슨
- 『지금 시작하는 인문학』, 주현성
- 『월든』, 헨리 데이비드 소로
- 『신경 끄기의 기술』, 마크 맨슨
- 『국가란 무엇인가』, 유시민
- 『정의란 무엇인가』, 마이클 샌델
- 『잠』, 베르나르 베르베르
- 『1Q84』, 무라카미 하루키
- 『마션』, 앤디 위어
- 『처음 만나는 뇌과학 이야기』, 양은우
- 『나미야 잡화점의 기적』, 히가시노 게이고
- 『상실의 시대』, 무라카미 하루키
- 『감각의 미래』, 카라 플라토니
- 『나를 모르는 나에게』, 하유진
- 『게임이론』, 김영세
- 『틀리지 않는 법』, 조던 엘렌버그

- 『죄의 목소리』, 시오타 타케시
- 『다산의 마지막 공부』, 조윤제
- 『지적 대화를 위한 넓고 얕은 지식』, 채사장
- 『라플라스의 마녀』, 히가시노 게이고
- 『소크라테스의 변론 크리톤 파이돈 향연』, 플라톤
- 『라프 코스터의 재미이론』, 라프 코스터
- 『날마다 천체물리』, 닐 디그래스 타이슨
- 『하쿠바산장 살인사건』, 히가시노 게이고
- 『팩트풀니스』, 한스 로슬링
- 『스탠퍼드식 최고의 피로회복법』, 야마다 도모오
- 『나는 나로 살기로 했다』, 김수현
- 『우주의 구조』, 브라이언 그린
- 『코스모스』, 칼 세이건
- 『골든 슬럼버』, 이사카 고타로
- 『무례한 사람에게 웃으며 대처하는 법』, 정문정
- 『화씨 451』, 레이 브래드버리
- 『이기적 유전자』, 리처드 도킨스
- 『아인슈타인이 괴델과 함께 걸을 때』, 짐 홀트
- 『미라클모닝』, 할 엘로드
- 『프로이드의 의자』, 정도언
- 『만델브로트가 들려주는 프랙탈 이야기』, 배수경

- 『모든 것을 기억하는 남자』, 데이비드 발다치
- 『우울할땐 뇌 과학』, 엘릭스 코브
- 『두 번째 지구는 없다』, 타일러 라쉬
- 『당신도 느리게 나이 들 수 있습니다』, 정희원
- 『내면소통』, 김주환
- 『서서히 서서히 그러나 반드시』, 김민준
- 『행복의 기원』, 서은국
- 『플레인센스』, 김동현
- 『사랑은 없다』, 쇼펜하우어
- 『내가 틀릴 수도 있습니다』, 비욘 나티코 린데블라드
- 『남한산성』, 김훈
- 『FBI 행동의 심리학』, 조 내버로, 마빈 칼린스
- 『지구 끝의 온실』, 김초엽
- 『뉴 코스모스』, 데이비드 아이허
- 『멈추면 비로소 보이는 것 들』, 혜민
- 『우리는 왜 잠을 자야 할까』, 매슈 워커
- 『도둑맞은 집중력』, 요한하리
- 『생각한다는 착각』, 닉채터

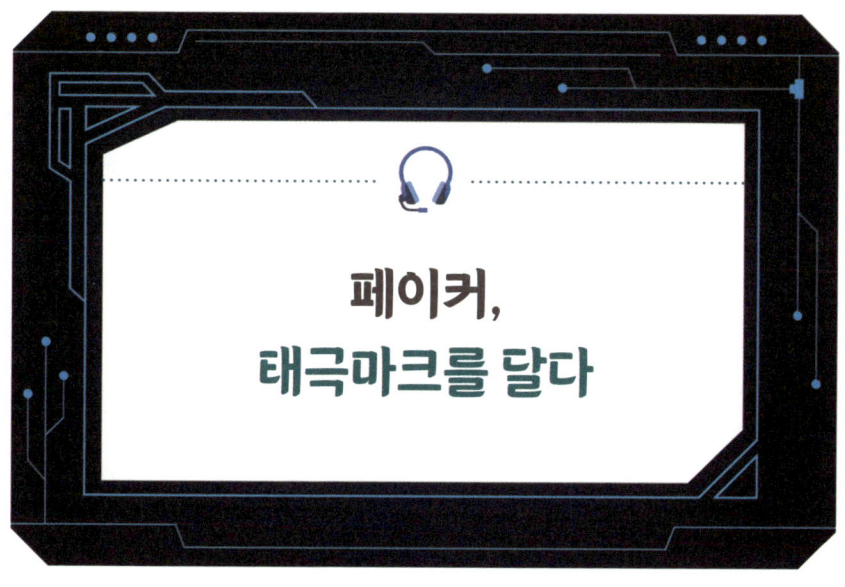

페이커의 부진에도 2018년은 e스포츠 역사상 중요한 사건이 벌어진 한 해입니다. 바로 자카르타-팔렘방 아시안게임에서 롤이 시범종목으로 채택된 것입니다. e스포츠가 스포츠에 속하느냐 아니냐로 여전히 의견이 분분하지만, 당시 아시안게임 시범종목으로 채택된 이후 국민들이 관심이 높아졌습니다. 게임전문 언론사가 아닌 곳에서도 롤과 페이커에 대해서 주목하기 시작했습니다.

부진을 겪고 있던 페이커도 이런 관심 덕에 좀 더 힘을 낼 수 있었습니다. 아시안게임이 롤드컵의 주요 관문인 LCK서머와 비슷한 시간에 열려 무리한 일정을 소화해야 했지만 페이커는 기꺼이 태극마크를 선택했습니다.

'이제 태극마크를 가슴에 달았으니 그동안의 부진을 털어내고 열심히 하자. 20년 후에는 e스포츠가 우리가 상상하지 못할 정도로 거대해질 거야. 사람들이 그때 내가 활약하던 시대를 떠올릴 수 있도록 좋은 기억될 수 있도록 노력하자.'

페이커는 다시 마음을 다잡았습니다.

아시안게임 국가대표팀은 최우범 감독의 체제하에 각 분야 최고의 선수로 구성됐습니다. 미드라이너에는 당연히 페이커가 참여했습니다. 팀워크를 맞출 시간이 부족했지만, 최고의 선수들이 모인 만큼 한국팀은 중국과 베트남이 배치된 A조에서 6전 전승, 1위로 통과했습니다. 준결승전에선 사우디아라비아를 제치고 한국팀은 중국과 결승전을 치렀습니다.

2018년 8월 27일 아시안게임 롤 결승. 이 경기는 e스포츠 경기 역사상 처음으로 지상파 방송에서 생중계 됐습니다. 당시 롤에 대해서 잘 모르던 중계진은 경기의 생생한 중계를 위해 롤에 대해 밤새 공부하는 진풍경이 펼쳐졌습니다.

롤이 아시안게임에서 시범경기 종목으로 채택되면서 사람들은 게임을 e스포츠로 인식하기 시작했습니다.

하지만 선수에 대한 지원이나 대회 운영은 여전히 미숙했습니다. 당시 선수들 식사로 식빵과 잼이 제공되는 등 부실한 지원이 도마위에 올랐습니다. 그럼에도 불구하고 선수들은 어렵게 얻어낸 기회가 혹시나 박탈될까 제공된 음식만 먹으며 대회를 치를 수밖에 없었습니다.

e스포츠에 대한 당시 사람들의 부정적인 시각을 보여주는 대표적인 사례입니다. 이러한 진통을 겪으면서 e스포츠는 점점 성장했고, 프로게이머에 대한 사람들의 관심도 점점 높아졌습니다. 아시안게임 이후 '게임 학원'이 등장하기도 했습니다.

아시안게임 첫 출전 경기에서 한국팀은 당시 상승세를 타고 있던 중국팀에 패하면서 아쉽게 은메달에 만족해야 했지만, 페이커는 국가대표로서 국민들의 사랑을 한 몸에 받았습니다. 이때 받은 국민들의 관심과 응원은 부진을 겪던 페이커에게 비타민 같은 역할을 했습니다.

"나도 페이커처럼"… 롤 게임 학원 등장

페이커와 e스포츠에 대한 관심은 사교육 시장에도 변화를 일으켰습니다. 바로 게임 학원이 등장한 것입니다. 가장 인기를 끈 종목은 단연 '리그 오브 레전드'였습니다. 당시 게임 학원을 취재한 신문 기사에서는 '게임 학원은 마치 PC방처럼 여러 대의 PC가 줄지어 배치돼 있으며, 게임을 배우려는 학생들의 표정은 아주 진지하다'는 보도를 하기도 했습니다.

게임 학원이 등장한 이유는 미디어에서 높은 연봉을 받는 프로게이머들이 자주 소개됐기 때문으로 분석됩니다. 당시 페이커의 연봉 수준은 약 30억 원으로 알려져 있었습니다. 또 프로게이머들이 한국뿐 아니라 미국, 유럽, 중국 등에서 최고 대우를 받으며 활동하고 있었습니다.

e스포츠에 대한 사람들의 관심도 높아져 지난 2017년 롤 월드 챔피언십 결승전을 본 관객은 2700만 명으로, 같은 해 MLB 월드시리즈(2300만 명), NBA 파이널(2000만 명)을 본 관객보다 많은 것으로 조사됐습니다. 당시 게임시장 규모도 11조 5703억 원으로 10년 만에 두 배 이상 커진 것으로 조사됐습니다.

부진은 있어도 몰락은 없다

"지난해 부진을 딛고 좋은 모습을 보여드리려고 많이 노력하고 있습니다. 반드시 좋은 결과로 돌아오겠습니다."

고통의 시간을 겪으며 페이커도 한층 더 성숙해져 2019년을 맞이했습니다. 다시 기세를 펼치기 위한 준비를 철저히 해온 페이커는 다시 자신감이 차오르는 것을 느낄 수 있었습니다. 2018년부터 T1의 감독을 맡은 김정균 감독은 새로운 팀원을 구성하고 팀워크를 다지는 데 집중했습니다.

2019년 LCK에는 '그리핀'이라는 팀이 그야말로 돌풍을 일으켰습니다. 그리핀의 모든 포지션의 선수들이 킬과 어시스트 기록에서 1위를 차지하며 11연승이라는 믿지 못할 결과를 만들어 냈습니다. 때문에 그리핀은 '어나더 레벨'이라는 별칭을 얻기도 했습니다. 특히 그리핀에 소속돼 있던 '쵸비(정지훈)'는 독보적인 활약을 펼치며, 페이커 이상혁과 실력을 견줄 만한 미드라이너라는 평가를 받기도 했습니다.

　　T1은 2019 LCK 스프링에서 새롭게 떠오르던 강자 '그리핀'을 결승에서 3대0으로 완파하고 통산 일곱 번째 LCK 우승컵을 들어올렸습니다. 2017년 여름 이후 2년 만의 우승컵입니다. 너무나 길고 추웠던 겨울을 보낸 후 맞이한 2019년은 페이커와 T1에게 그 어느 때보다 따뜻한 봄이었습니다.

　　페이커는 기쁨과 감동을 감추기 힘들었습니다. 오랜만에 시상식에 선 페이커의 눈엔 눈물이 고였습니다. 지난 2018년 팀이 부진을 겪을 때 함께 선수로 참여했던 동료들이 경기장에 와 있었기 때문입니다.

'작년에 내가 더 잘했더라면… 지금 이 자리에 함께 서 있을 수도 있었을 텐데….'

지난해 팀의 부진 속에 7명의 동료가 떠나고 혼자만 팀에 남았다는 미안함이 터져 나왔습니다. 새로운 팀에 대한 책임감까지 더해져 페이커는 기쁘면서도 슬펐습니다. 하지만 2017년 얼굴을 파묻고 울던 페이커는 이제 더 이상 없습니다.

몸과 마음에 쌓인 성숙함으로 페이커는 더욱 빛이 났습니다.

경기가 끝나고 김정균 감독은 지난해의 부진을 깨끗이 씻어냈다고 평가하며 "부진은 있어도 몰락은 없다"라는 명언을 남겼습니다.

왕의 귀환 - 7년 만의 롤드컵 우승

회복된 기량에도 아쉬운 국제대회

이후 페이커와 T1은 다시 '롤의 왕조'라는 명성을 되찾았습니다. 2019년 LCK 서머에서도 우승을 거머쥐었고, 2020년 LCK 봄과 2022년 스프링 시즌까지 세 번의 롤챔스 우승을 추가했습니다. 2021년 여름 LCK와 2022년의 MSI, LCK 서머에서는 안타깝게 준우승에 머물렀지만, '갓상혁' '대상혁'이라는 칭호를 받을 만한 실력을 뽐냈습니다.

하지만 페이커는 계속 아쉬움이 남았습니다. 국내 리그에서 세 번의 우승을 추가하고도 국제대회에서는 수년째 우승컵을 들어올리지 못했습니다. 실력이 다시 상승세를 타던 2019년에도 롤드컵 결승에 올랐지만, 아쉽게 준우승에 머물렀습니다. 2020년에는 롤드컵 본선에도 진출하지 못했고, 2021년에는 4강에 머물렀습니다.

페이커는 한 해 한 해가 지날수록 시간이 얼마 남지 않았을 수도 있다는 생각에 국제대회의 우승에 대한 아쉬움이 더 커졌습니다.

그도 그럴 것이 페이커는 노장선수에 속했습니다. e스포츠 특성상 어릴수록 판단력이나 반응 속도가 빠르다는 점을 감안하면, 페이커는 아직도 선수 생활을 하고 있다는 것만으로도 누구도 쉽게 따라올 수 없는 대단한 기록입니다.

'국내에서는 즐기면서 경기에 임할 수 있을 정도로 경험과 노하우를 쌓았지만, 국제대회 우승이 더 이상 없다는 건 정말 아쉬워. 2016년에 롤드컵 우승을 한 뒤로 아직 국제대회 우승이 없다니…. 노장선수도 해낼 수 있다는 것을 보여주고 싶어.'

페이커는 롤드컵 3회 우승자라는 유례없는 타이틀을 갖고 있으면서도, 롤드컵 4회 우승자가 되기 위한 노력을 계속 이어갔습니다.

2022년 T1은 페이커를 중심으로 한 새 진영을 꾸렸습니다. 과감한 경기력을 구사하는 선수들을 대거 영입했고, 여기에 노련한 페이커가 만나 전례 없는 파괴력을 선보이는 팀이 탄생했습니다. 이른바 '제오페구케', 탑의 제우스와 정글러 오너 미드라이너 페이커, 원딜의 구마유시, 바텀에 케리아로 구성된 팀입니다.

2022년 T1의 제오페구케는 LCK 스프링 시즌부터 맞설 상대가 없는 듯한 최강의 경기력을 보여 주었습니다. 정규리그와 포스트 시즌까지 20번의 경기에서 전승을 거두면서 우승컵을 들어올렸습니다. 더불어 페이커는 LCK에서 무려 10번의 우승컵을 들어올리는 대기록을 세우기도 했습니다.

이들이 한 팀이라면 앞으로 몇 번의 우승도 더 가능할 것이라는 이야기가 나올 정도로 팬들의 기대도 높아졌습니다. 하지만 이후에 열린 MSI와 LCK 서머에서는 아쉽게 준우승을 거뒀습니다. 팀원들은 아쉬웠지만 롤드컵에 기대를 걸었습니다.

"지금 같은 기세라면 롤드컵 우승을 노려봐도 될 것 같아. 우리 최선을 다해보자. 2016년 이후 6년 만에 다시 한번 T1이 최고의 팀이라는 것을 보여주자."

2022년 11월 미국 샌프란시스코 체이스센터. 결승에는 모두 한국팀이 올라왔습니다. T1의 결승상대는 DRX였습니다. 결승에서 한국 리그의 팀끼리 맞붙는 건 네 번째였습니다. 2015년 T1과 KOO 타이거즈가 결승에서 대결을 펼쳤고

2016년과 2017년 SKT T1과 삼성 갤럭시가 2년 연속 결승전에서 맞붙었습니다. 2022년 T1은 제오페구케라는 최강팀 구성으로 그 어느 때보다 자신감이 가득 차 있었습니다.

DRX는 롤드컵에 처음 진출한 팀이었기 때문에 대부분 T1이 우승할 것이라고 점쳤습니다.

그동안 롤드컵 결승에서는 대부분 1세트를 승리한 팀이 소환사의 컵을 들어올린 경우가 많았기 때문에 T1은 첫 세트를 따내는 것이 중요했습니다.

페이커도 첫 세트만큼은 선취점을 따내야 한다고 생각했습니다. 다행히 제오페구케 라인은 흔들림이 없었습니다. T1은 자신들의 타워는 모두 지키면서도 상대 타워를 모두 부수는 완벽한 게임을 펼쳤습니다. DRX는 이를 뒤집기 위해 고군분투했지만 T1의 기세를 꺾지 못했습니다.

두 번째 세트에서는 양팀이 엎치락 뒤치락하는 경기가 진행됐습니다. T1이 초반에 흐름을 잡아가나 싶더니 DRX가 의외로 페이커를 무너뜨리며 기세를 꺾었고, 양팀 모두 유리해

지나 싶으면 실수가 나오면서 유리한 상황을 이어가지 못했습니다. 경기는 무려 1시간 넘게 진행됐지만, T1의 패로 마무리됐습니다.

3세트는 T1이 다시 승리했습니다. T1에게 급박한 상황들이 여러 차례 있었지만 페이커의 노련함으로 한점을 더 챙길 수 있었습니다. 4세트를 가져온다면 페이커가 네 번째 롤드컵 우승컵을 들어올릴 수 있는 상황이었습니다. 하지만 아쉽게도 T1은 4세트마저 DRX에게 내주면서 결국 5세트까지 경기를 치러야 했습니다. 관중들과 중계진은 드라마 같은 두 팀의 경기에 흥분하지 않을 수 없었습니다.

운명이 갈릴 마지막 세트.

2022년 월드 챔피언십의 마지막 경기는 우승컵을 앞에 두고 노림수와 슈퍼 플레이가 난무한 대혈전이 펼쳐졌습니다. 앞서 보여주지 않은 새로운 챔피언이 등장했으며 조금만 실수가 나와도 물어뜯으면서 역전과 재역전이 반복되는 경기가 나왔습니다. 마지막까지 승부의 결과를 예측할 수 없는 경기가 이어졌지만 결과는 DRX의 승리로 막을 내렸습니다.

수많은 관객이나 전문가, 경기를 하는 선수들조차도 DRX에 대해서는 큰 기대가 없었지만 DRX는 가장 낮은 위치에서 가장 높은 위치까지 올라오는 신화를 달성해 전설적인 스토리를 남겼습니다. 2022년 월즈 결승은 e스포츠 사상 역대 최고의 결승으로 평가받고 있습니다.

경기를 끝낸 페이커는 결과가 아쉬웠지만 중후반 집중력이 높은 DRX의 경기력에서 배운 점이 많았다고 생각하며 다음 롤드컵을 기약할 수밖에 없었습니다

중꺽마의 탄생

DRX의 데프트 김혁규 선수는 페이커와 같은 시기인 2013년 데뷔한 선수입니다. 포지션은 원거리 딜러입니다. 팀 창단 첫해부터 롤드컵 우승컵을 들어올린 페이커와는 달리 김혁규 선수는 선수 생활 10년 만에 처음으로 2022년 롤드컵에 진출했습니다. 그간 여러 대회에서 우수한 실력을 보여줬지만 유달리 롤드컵과는 인연이 없었습니다. 첫 롤드컵에서도 결승까지 올라오는 것은 쉽지 않았습니다. 8강에서는 전년도 우승팀인 EDG를 상대로 '패패승승승'이라는 역전 드라마를 쓰며 4강에 진출했고, LCK 정규 시즌 전적에서 한 번도 승리하지 못한 젠지와 만나 3대1로 승리하며 결승에 진출했습니다. 결승에선 예상했던 대로 T1에게 1라운드에서 패했습니다. T1과의 1라운드가 끝난 후 데프트는 인터뷰에서 "중요한 건 꺾이지 않는 마음"이라는 인터뷰를 진행했습니다. 2022년 카타르 월드컵에서 16강에 진출한 축구 국가대표팀이 '중요한 건 꺾이지 않는 마음'이라고 쓰여진 태극기를 들어올리면서 화제가 됐습니다. 데프트 선수는 롤드컵 우승을 차지한 이후 "나는 정말 우승을 할 수 없나? 하고 잠시 생각했지만 우리는 할 수 있다고 자신에게 되뇌었고, 팀원들에게도 이길 수 있다고 말하면서 큰 동요 없이 다시 집중했다"며 "그리고 몇 분 후 정신을 다시 차려보니 우리는 넥서스를 깨고 있었다"고 말했습니다.

페이커와 T1의 아쉬운 성적은 계속됐습니다. 2022년 준우승으로 마무리한 롤드컵에 이어 2023년 LCK 스프링에서도 준우승에 머물렀습니다.

그러던 중 LCK 서머 시즌에 페이커는 팔에 통증을 느꼈습니다.

'어, 손가락이 왜 이렇게 감각이 없지? 오른쪽 팔꿈치도 평소과 달리 불편한 느낌인데….'

페이커는 최대한 오래 선수로 남고 싶다는 생각에 늘 팔꿈치와 손목 스트레칭을 했지만, 같은 자세로 오랜 시간 앉아 하루 10시간 이상씩 마우스를 움직여야 하는 프로선수의 특성상 몸에 이상이 오지 않을 수 없었던 것입니다.

병원에서 엑스레이와 MRI를 찍는 등 정밀 검사를 했지만 큰 이상은 나오지 않았습니다. 하지만 의료진은 페이커에게 원활한 치료를 위해서 몇 주간 휴식을 취할 것을 권했습니다.

하는 수 없이 페이커는 벤치에서 선수들의 경기를 지켜봐야만 했습니다. 하지만 팀의 중심을 잡아주던 맏형 페이커가 경기에 나서지 못하자 천하의 T1도 흔들리는 모습을 보였습니다.

'아, 상혁이 형이 없으니 경기를 리드해 줄 사람이 없네, 그간 오랫동안 팀워크을 맞췄는데 새롭게 맞추려니 쉽지 않아. 정신적으로 의지할 사람이 없다는 게 더 힘들어.'

팀원들은 그동안 호흡을 맞췄던 페이커의 부재에 정상적인 경기 운영이 어려운 상황에 이르렀습니다. 일부 팀원들은 슬럼프에 빠지면서 8번의 경기 중 단 한 번의 승리만 얻어냈습니다.

한 달의 휴식기간을 가진 뒤 페이커는 다시 경기장으로 복귀했습니다. 페이커는 부상이 다 완치되지 않았지만, 경기를 보는 것이 마음이 편치 않아 서둘러 다시 경기장에 돌아왔습니다. 그동안 부진했던 팀을 다시 정상궤도로 올려놓는 것이 페이커가 스스로에게 내린 특명이었습니다.

페이커는 자신에게 익숙했던 자세를 바꿔 신경을 건들지 않는 불편한 자세로 경기에 임해야 했습니다. 하지만 페이커의 마음속엔 그간의 팀의 부진을 만회해야겠다는 생각밖에 없었습니다.

페이커가 경기에 복귀한 후 첫 경기에서 팀의 경기력은 몰라보게 달라졌습니다. 페이커의 노련한 경기 운영이 경기시작 20여 분 만에 팀을 승리로 이끌었습니다.

이후의 경기에서도 페이커가 합류한 T1은 예전의 기량을 다시 되찾았습니다. 결국 그해 LCK 서머 시즌은 준우승으로 마무리했고, 롤드컵 진출을 확정지었습니다.

페이커는 한국에서 열리는 롤드컵에 진출하게 된 것이 가장 기뻤습니다.

하지만 한국 롤의 상징과도 같은 페이커가 없는 경기를 진행했던 LCK는 '페이커 없는 롤 리그'에 대한 향방을 고민해야 하는 계기가 됐습니다. 실제로 페이커가 결장한 동안 중계방송의 전체 시청률도 감소한 것으로 집계됐습니다.

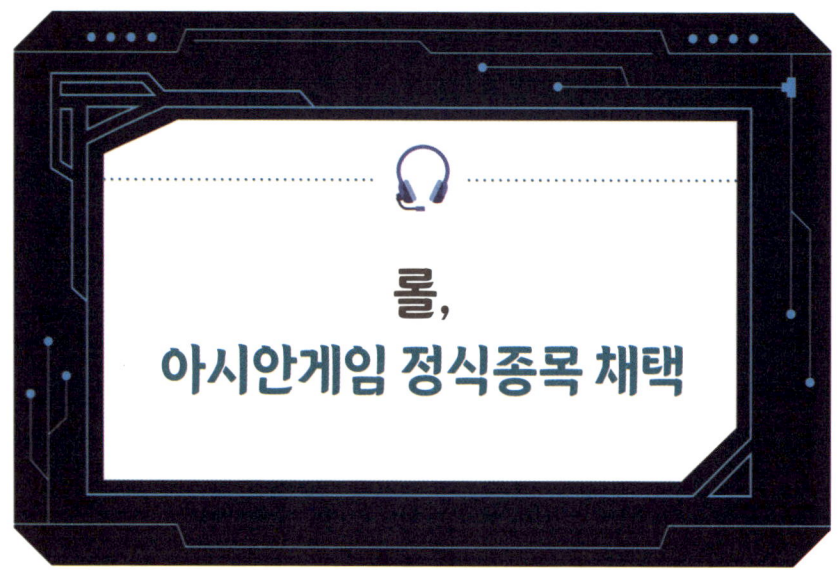

2018년 자카르타-팔렘방 아시안게임에서 시범종목에 채택됐던 롤이 그다음 열린 항저우 아시안게임에서는 '정식종목'으로 채택됐습니다. 페이커도 당연히 한국대표팀으로 항저우 아시안게임에 참가했습니다. 시범경기 때와 다르게 페이커의 인기는 여느 스포츠 스타보다 높았습니다. 아시안게임 출전을 위해 방문한 항저우 샤오산 국제공항 입국장엔 페이커를 보기 위한 전 세계 취재진과 팬들이 한꺼번에 몰렸습니다. 페이커는 자신의 인기를 실감했습니다.

'아, 이렇게 응원을 많이 해주시니 꼭 좋은 결과를 만들어야 겠군.'

페이커는 또 다시 힘을 얻었습니다.

한국 대표팀은 홍콩과 16강전, 카자흐스탄과의 8강전을 가볍게 치르며 승리를 만끽했습니다. 페이커는 사우디아라비아전과 홍콩전에는 결장했지만, 카자흐스탄과의 경기에서 10분 만에 10킬을 기록하고, 17분 만에 상대 넥서스를 파괴하는 등 비교적 손쉽게 경기를 진행했습니다.

4강에서는 시범경기로 채택됐던 지난 아시안게임의 우승자 중국과 만났습니다. 한국팀의 실력은 5년 전과 크게 달라졌습니다. 한국팀은 1, 2세트를 따내면서 5년 만에 중국팀에게 복수하는 데 성공했습니다.

9월 20일 중국 항저우 e스포츠센터. 한국은 금메달을 두고

대만과의 결승을 앞두고 있었습니다. 이미 강력한 우승 후보인 중국을 완파한 만큼, 금메달을 향한 한국팀과 팬들의 기대는 한껏 높아져 있었습니다. 페이커는 감기 등으로 인한 컨디션 난조로 준결승전에 이어 결승전에도 참여하지는 못했습니다. 하지만 '초비' 정지훈 선수가 경기에 참여해 훌륭한 경기력을 보여줬습니다.

1세트를 가볍게 이긴 한국 대표팀은 2세트도 20여 분 만에 끝내며 초대 롤 금메달리스트라는 기록을 남겼습니다.

페이커는 처음으로 올림픽 시상대에 서서 금메달을 목에 걸었습니다. 프로게이머로서 활동할 때도 상상조차 하지 못했던 순간입니다. 페이커는 모든 게 꿈같은 행복한 기분이 들었습니다.

이번 항저우 아시안게임 금메달 획득으로 롤 대표팀 선수들은 e스포츠 선수들 가운데 가장 먼저 군 면제 혜택을 받게 되었습니다.

모든 길은 페이커로 통한다

페이커는 세 번의 롤드컵, 두 번의 MSI, 열 번의 LCK 우승컵을 들어올린 유일한 선수지만, 여전히 아쉬움이 있었습니다. 지난 2016년 이후 롤드컵에서는 우승컵과 인연이 없었던 것입니다. 2017년과 2018 슬럼프를 겪으면서 실력이나 정신적인 면에서 성숙해지면서 팀 전체를 운영하는 위치에 있었지만 롤드컵 우승컵에 대한 아쉬움을 지울 수는 없었습니다.

2023 롤드컵은 부상으로 벤치를 지키다 어렵게 참가한 경

기일 뿐 아니라 특히 한국에서 펼쳐지는 첫 대회인 만큼 페이커는 꼭 우승하고 싶었습니다. 지난 2018년 한국에서 롤드컵이 열렸지만 4강에 한국팀이 한팀도 진출하지 못한 악몽이 떠올랐습니다.

'지난번 같은 굴욕은 없어야 해. 2016년과 비교하면 나 스스로도 많이 성장했다고 느끼니…. 이번에도 최선을 다해보자.'

부산에서 열린 2023년 롤드컵은 한국과 중국의 강팀이 맞붙을 것으로 예상됐습니다. 게임 강대국 답게 8강에는 한국 세 팀과 중국 네 팀, 북미 한 팀이 진출했습니다. 하지만 중국의 높은 벽에 북미의 NRG가 4강의 문턱을 넘지 못하고, T1을 제외한 한국팀도 모두 8강으로 만족해야 했습니다.

| JDG Intel Esports Club | T1 |

이제 남은 건 중국 세 팀과 T1뿐이었습니다. T1은 중국에서 가장 강팀으로 알려진 징동 게이밍(JDG)과 4강전을 펼치게 됐습니다. 징동은 이번 롤드컵에서 강력한 우승 후보로 점쳐진 상대입니다.

실제로 징동은 2023년 라이엇게임즈가 주관한 모든 대회에서 우승컵을 들어올린 강팀이었습니다. 2023 LPL 스프링과 서머, MSI에서 모두 최정상에 올랐고, 롤드컵 우승만 챙기면 '골든로드'를 완성하는 절호의 기회였습니다.

2023년 롤드컵 4강전. '골든로드'*를 걷고 있는 징동 게이밍을 무너뜨리는 데 한국 롤 팬들의 마음이 모두 모였습니다.

이 시기 "골든로드, 저희가 막겠습니다"라는 광고는 한국 팬들을 더 결집시켰습니다.

'최우승 팀과 경기를 한다는 것 자체가 정말 기쁜 일이야.'

페이커는 경기 자체에 대해 기대를 걸었습니다.

---

* 모든 경기와 모든 시리즈에서 단 한 번도 패배하지 않는 완벽한 전승 우승

2023년 11월 12일 부산 사직 실내체육관 롤드컵 4강전. 첫 세트에서 진영 선택권을 얻은 징동은 승률이 높은 블루사이드가 아닌 레드사이드를 선택했습니다. 양측 모두 전형적인 공격형 챔피언 조합을 선택했습니다.

T1과 징동 게이밍은 팽팽한 싸움을 이어갔습니다. 그러던 중 결정적인 순간에 우위에 있던 T1이 한타를 걸어 싸움이 시작됐습니다. 막판 페이커의 오리아나가 충격파를 던져 징동의 넥서스를 먼저 파괴하면서 T1은 1세트를 챙겼습니다. 특히 이번 경기에서 페이커는 '신의 경지에 다다른 오리아나'를 보여줬다는 평가를 받을 정도로 향상된 경기력을 보여줬습니다. T1과 징동의 경기는 1세트에서만 324만 명이 시청을 하는 등 가장 많은 사람이 본 롤 경기로 기록됐습니다.

2세트에 징동은 다시 블루사이드를 선택했습니다. 징동은 페이커가 신의 경지로 다루던 오리아나를 먼저 챙기면서 반전을 노렸습니다. 1세트에서 패한 징동은 바텀라인을 중요시 여기던 T1의 전략을 무력화시키면서 우승을 가져갔습니다.

꼭 득점을 해야 하는 세 번째 세트에서는 1, 2세트에서 활약을 했던 챔피언들이 모두 밴*을 당해 양팀 모두 새로운 조합으로 경기를 해야 했습니다. 초반 제압을 노린 챔피언을 구성한 징동은 경기 시작부터 T1을 강하게 압박했습니다. 하지만 이어진 한타에서는 한타에 유리한 조합을 구성한 T1이 대승을 거두며 엄청난 이득을 만들어냈습니다.

하지만 징동의 이어지는 공세에 T1의 미드 포탑이 두 차례 무너지며 T1은 위기를 겪었습니다. 이때 징동 게이밍 미드라이너의 실수가 나왔고, 페이커는 이 기회를 놓치지 않고 상대를 물어뜯었습니다. 상대의 전략을 꿰뚫어본 페이커의 콜에 T1 선수들은 일사불란하게 움직이며 미드포탑과 넥서스까지 쭉 무너뜨렸습니다. 결국 3세트는 T1이 챙겼습니다.

페이커의 네 번째 롤드컵 우승 기록이 써지느냐 마느냐가 결정될 4세트.

'5세트까지 가지 않도록 여기서 끝내야 해.'

페이커는 다시 한번 마음을 다잡았습니다.

---

* 상대편이 해당 챔피온을 고르지 못하도록 금지하는 것

4세트에서 징동은 자신들이 가장 잘하는 챔피언 조합을 꺼내들며 마지막일지도 모르는 기회를 잡으려 안간힘을 썼습니다. 경기 내용 면에서도 진동은 초반에 내내 앞섰습니다. 하지만 한번 주도권을 내주자 징동은 극도로 초초한 모습을 보이며 불리한 상황을 스스로 만들었습니다. 선수들의 실수도 계속 나왔습니다. 그 틈을 타 T1이 공격을 시작했습니다. 징동은 T1의 공습에 다시 반격할 힘을 완전히 상실했습니다.

결국 T1은 약속대로 징동의 골든로드를 막아냈습니다. LPL의 내로라 하는 팀이 모두 T1에게는 무릎을 꿇으면서 한국팀의 높은 위상을 다시 한번 실감했습니다.

사실상 결승전으로 불리던 2023년 롤드컵 4강전에서 우승한 페이커에게 취재진들이 몰렸습니다. 취재진은 페이커에서 엄지를 밑으로 향하게 하는 포즈를 요청했지만 페이커는 좋은 경기를 보여준 징동에게 엄지척을 내세우며 멋진 스포츠맨십도 보여줬습니다.

7년 만에 다시 정상에 서다

2023년 11월 19일 서울 고척 스카이돔.

페이커가 소속돼 있는 한국의 T1과 중국의 웨이보 게이밍(WBG)의 '2023 롤 월드 챔피언십' 결승전을 보기 위해 수만 명의 관중이 몰렸습니다. 국내 최대의 실내경기장인 고척 스카이돔은 경기 시작 전부터 뜨거운 열기로 가득 찼으며 각자 응원하는 팀의 피켓을 든 팬들의 긴장감도 팽팽했습니다.

이 날 경기 입장권은 판매 10분 만에 매진됐으며 경기장 밖에서는 20배가 넘는 가격에 암표가 거래되기도 했습니다. 경기장에 가지 못한 팬들도 한국팀을 응원하기 위해 서울 광화문 광장에 1만 5000명이 모였습니다. 이례적으로 전국 영화관에서도 이 경기를 상영하는 행사를 진행하기도 했습니다.

이번 결승전은 그 어느 때보다 페이커가 소속된 T1의 우승을 염원하는 사람들이 많았습니다. 페이커가 길었던 슬럼프를 극복하고 경기력이 다시 올라오면서 한껏 기대가 높아졌습니다. 팬들은 페이커가 7년간의 침묵을 끝내고 이번에 네 번째 롤드컵 우승컵을 들어올려 주기를 기대했습니다.

이미 강력한 우승 후보였던 중국의 징동 게이밍을 4강전에서 물리치고 진행된 결승이기 때문에, 팬들의 기대감은 그 어느 때보다 높았습니다.

팬들의 관심에 응대하듯 T1은 경기 내내 웨이보 게이밍을 앞섰습니다. T1은 초반부터 상대방에 지속적으로 공격을 날렸고, 웨이보는 반격에 나섰지만 제대로 된 펀치 한 방을 날리지 못하고 밀려났습니다. 총 3세트를 치르는 동안 상대의 넥서스를 모두 파괴하는 데는 그리 오랜시간이 걸리지 않았습니다.

결국 T1은 3대0으로 웨이보를 격파하고 롤드컵 우승컵을 들어올렸습니다. 지난 2016년 세번째 소환사의 컵을 들어올린 지 7년 만입니다.

페이커는 이날 한 번도 어려운 롤드컵 우승컵을 네 번이나 들어올린 유일한 선수로 기록됐습니다.

페이커는 지난 2013년 소환사의 컵을 들어올린 최연소 선수로 기록됐지만, 10년이 지난 후엔 롤드컵 우승 최고령 선수로도 기록되었습니다.

　페이커는 오랫동안 기다려 왔던 순간을 맞이해 기분이 날아갈 것처럼 좋았습니다. 하지만, 그보다 더 '감사'라는 감정이 더 크다는 것을 곧 깨달았습니다. 오랫동안 자신을 믿고 기다려 준 팬들이 머릿속에 스쳐 지나갔습니다. 팬들이 기뻐할 생각을 하니 감사함이 마음에 가득 차올랐습니다.

　가족들의 얼굴도 하나씩 머릿속에 스쳐 지나갔습니다. 오랜 슬럼프를 겪으며 순간순간 가족들에게 불편한 감정을 내비쳤지만, 가족들이 묵묵히 지켜봐 주었기에 이 모든 결과가 가능했습니다.

　함께 고생했던 팀원들의 모습도 떠올랐습니다. 시즌 중에는 하루 16시간씩 컴퓨터 앞에 앉아서 연습하느라 힘이 들 텐데도, 함께 전략에 대해 토론하고 경기 중 위험에 처했을 때는 어디서든지 달려와 서로가 서로에게 힘이 돼 주었습니다.

"경기할 수 있어서 정말 감사했습니다. 이번 경기는 팀을 위한 우승이었습니다. 이번 경기를 경험 삼아 앞으로 더 발전하고 배우겠습니다."

페이커가 10년 넘게 선수로 활동하면서 최정상의 자리에 있을 수 있었던 것은 늘 '배우는 자세'가 있어서 가능했습니다. 이미 최정상에 있으면서도 페이커는 배움을 통해 자신을 한 층 더 발전시켰습니다.

페이커는 여전히 배우고 있습니다. 배움과 겸손이 더해져 페이커는 새로운 기록을 쓰기 위해 계속 묵묵히 나아가고 있습니다.

계속되는 전설

2024년 현재에도 페이커는 여전히 활동하는 선수입니다. 함께 경기를 뛰던 동료 선수들은 은퇴를 하거나 코치나 감독이 되기도 했지만, 페이커는 자신이 세웠던 목표대로 오랫동안 선수로 남기 위한 훈련을 지속하고 있습니다.

2024년 12년차 프로게이머인 페이커는 이제 '팀을 위한' 경기를 하겠다고 마음을 바꿨습니다. 마음을 바꾸니 진정으로 경기를 즐기는 선수가 됐습니다.

T1의 제오페구케는 2024년 LCK 스프링 시즌에서도 준우승이라는 성적을 거뒀고, 압도적인 성적으로 MSI에도 진출했습니다. 이후 아쉽게도 이어지는 2024년 경기에서 별다른 우승 소식이 들려오지 않아 '제오페구케의 시대'가 끝난 것이 아니냐는 평가가 나오기도 했습니다. 하지만 결국 이들은 해냈고, 호흡을 맞춰온 그 팀 그대로 2024년, 다시 한번 롤드컵 우승컵을 들어올리는 영광을 누릴 수 있었습니다.

페이커는 한 번도 어렵다는 롤드컵 우승을 무려 다섯 번이나 했음에도 이렇게 인터뷰 했습니다.

"이번 결승전에서 만족하지 못하는 부분들이 많습니다. 이를 개선하기 위해 앞으로 더욱 노력할 것입니다."

페이커는 이제 게임 실력으로 최고가 되는 것 외에도 세상에 선한 영향력을 끼치는 것을 목표로 삼고 있습니다. 이미 수년 전부터 생활이 어려운 사람들을 위한 기부를 진행해 온 페이커는 이제는 유니세프의 공식 홍보대사로 활동하며, 많은 사람들이 선한 영향력을 펼칠 수 있도록 앞장서고 있습니다.

"열심히 노력해서 우승하는 기분을 다른 분들도 느꼈으면 좋겠습니다. 저를 통해서 긍정적인 기운을 느낄 수 있었으면 좋겠습니다."

페이커는 여전히 전설을 만들어 가고 있습니다.

연도별 페이커 수상 내역

[2013년]

- 핫식스 리그 오브 레전드 챔피언스 서머 2013 우승
- 핫식스 리그 오브 레전드 챔피언스 서머 2013 MVP 최우수선수상
- 리그 오브 레전드 월드 챔피언십 시즌 3 우승
- 2013 대한민국 e스포츠 대상 리그 오브 레전드 미드 부문 최우수 선수상

[2014년]

- 판도라TV 리그 오브 레전드 챔피언스 윈터 2013-2014 우승
- 판도라TV 리그 오브 레전드 챔피언스 윈터 2013-2014 MVP 최우수선수상
- 리그 오브 레전드 올스타 인비테이셔널 2014 우승
- SK텔레콤 LTE-A LoL 마스터즈 2014 준우승
- 아이티엔조이 나이스게임TV 리그 오브 레전드 배틀 서머 2014 우승

[2015년]

- 스베누 리그 오브 레전드 챔피언스 코리아 스프링 2015 우승
- 미드 시즌 인비테이셔널 2015 준우승
- 스베누 리그 오브 레전드 챔피언스 코리아 서머 2015 우승
- 스베누 리그 오브 레전드 챔피언스 코리아 서머 2015 플레이오프 MVP상 수상
- 리그 오브 레전드 월드 챔피언십 2015 우승
- 리그 오브 레전드 올스타전 2015 우승
- 2015 대한민국 e스포츠 대상 올해의 대상
- 2015 대한민국 e스포츠 대상 리그 오브 레전드 최우수 선수상
- 2015 대한민국 e스포츠 대상 미드 부문 인기상

[2016년]

- 인텔 익스트림 마스터즈 시즌 10 월드 챔피언십 우승
- 롯데 꼬깔콘 리그 오브 레전드 챔피언스 코리아 스프링 2016 우승
- 미드 시즌 인비테이셔널 2016 우승
- 미드 시즌 인비테이셔널 2016 결승 MVP
- 리그 오브 레전드 월드 챔피언십 2016 우승
- 리그 오브 레전드 월드 챔피언십 2016 MVP

- 리그 오브 레전드 올스타전 2016 준우승
- 2016 대한민국 e스포츠 대상 올해의 대상
- 2016 대한민국 e스포츠 대상 리그 오브 레전드 최우수 선수상
- 2016 대한민국 e스포츠 대상 미드 부문 인기상

[2017년]
- 리그 오브 레전드 챔피언스 코리아 스프링 2017 우승
- 미드 시즌 인비테이셔널 2017 우승
- 2017 리프트 라이벌즈 준우승
- 리그 오브 레전드 챔피언스 코리아 서머 2017 준우승
- 리그 오브 레전드 월드 챔피언십 2017 준우승
- 2017 더 게임 어워드 최고의 e스포츠 선수

[2018년]
- 2018 리프트 라이벌즈 준우승
- 2018년 자카르타-팔렘방 아시안게임 e스포츠 리그 오브 레전드 은메달
- 리그 오브 레전드 올스타전 2018 우승

· 2018 e스포츠 명예의 전당 스타즈
· e스포츠 명예의 전당 히어로즈

[2019년]
· 스무 살 우리 리그 오브 레전드 챔피언스 코리아 스프링 2019 우승
· 2019 리프트 라이벌즈 우승
· 우리은행 리그 오브 레전드 챔피언스 코리아 서머 2019 우승
· 리그 오브 레전드 올스타전 2019 우승
· 2019 e스포츠 명예의 전당 스타즈

[2020년]
· 우리은행 리그 오브 레전드 챔피언스 코리아 스프링 2020 우승
· 리그 오브 레전드 올스타전 2020 우승
· 2020 e스포츠 명예의 전당 스타즈

[2021년]

- 리그 오브 레전드 챔피언스 코리아 서머 2021 준우승
- 2021 LCK 어워드 카카오웹툰 나 혼자만 레벨업 상

[2022년]

- 리그 오브 레전드 챔피언스 코리아 스프링 2022 우승
- 리그 오브 레전드 챔피언스 코리아 스프링 2022 All-Pro 퍼스트팀
- 미드 시즌 인비테이셔널 2022 준우승
- 리그 오브 레전드 챔피언스 코리아 서머 2022 준우승
- 리그 오브 레전드 월드 챔피언십 2022 준우승
- 2022 LCK 어워드 BBQ 베스트 이니시에이팅 플레이어 상
- 2022 e-스포츠 명예의 전당 스타즈

[2023년]

- 리그 오브 레전드 시즌 킥오프 2023 준우승
- 리그 오브 레전드 챔피언스 코리아 스프링 2023 All-Pro 퍼스트팀
- 리그 오브 레전드 챔피언스 코리아 스프링 2023 준우승

- 리그 오브 레전드 챔피언스 코리아 서머 2023 준우승
- 2022년 항저우 아시안게임 e스포츠 리그 오브 레전드 금메달
- 리그 오브 레전드 월드 챔피언십 2023 우승
- 2023 e스포츠 어워드 올해의 선수상
- 2023 더 게임 어워드 최고의 e스포츠 선수
- 2023 LCK 어워드 OP.GG 서치 킹 상
- 2023 LCK 어워드 포지션별 올해의 선수
- 2023 LCK 어워드 올해의 선수

[2024년]
- 리그 오브 레전드 시즌 오프닝 2024 준우승
- LCK 스프링 2024 All-Pro 세컨드팀
- LCK 스프링 2024 준우승
- 리그 오브 레전드 월드 챔피언십 우승
- 리그 오브 레전드 월드 챔피언십 MVP

어린이 도서 목록

박지성의 열정, 도전, 전설이 된 축구 이야기
● 경기도학교도서관사서 추천도서 선정

도영인 지음 | 허한우 그림 | 크라운판 변형 | 164쪽 | 14,000원

불리한 신체조건을 극복하고 한국 축구 전설이 된 박지성 이야기. 태극전사 11년, 일본 교토상가FC, 네덜란드 PSV아인트호벤, 영국 맨체스터 유나이티드FC에서의 활약상을 만날 수 있어요.

강영우, 세상을 밝힌 한국 최초 맹인 박사

성지영 지음 | 이정헌 그림 | 신국판 변형 | 136쪽 | 12,000원

가족들을 차례로 하늘나라로 떠나보낸 소년. 이 소년은 설상가상으로 눈까지 멀고 맙니다. 하지만 이 소년은 한국 최초의 맹인 박사는 물론 백악관 공무원까지 되었답니다.

이세돌, 비금도 섬 소년 바둑 천재기사
● 한국어린이교육문화연구원 으뜸책 선정

조영경 지음 | 이정헌 그림 | 크라운판 변형 | 120쪽 | 13,000원

2016년 3월, 인공지능 컴퓨터 알파고(AlphaGo)와 이세돌의 바둑 대국에서 알파고는 4승 1패로 인간 이세돌을 이겼습니다. 이 책에서는 인간 이세돌의 값진 1승과 함께 과학의 발전 그리고 이세돌의 집념과 천재성을 만나볼 수 있습니다.

창의력 CEO 송승환의 멈추지 않는 상상력

송승환 지음 | 양민숙 그림 | 크라운판 변형 | 160쪽 | 13,000원

〈난타〉공연으로 세계적인 명성을 얻고, 평창올림픽 개폐회식 총감독까지 맡은 송승환의 창의력에 대한 이야기를 담고 있어요. 책벌레로 자란 어린 시절부터 배우와 공연연출가로 자신의 꿈을 이루어 간 이야기들을 들려줍니다.

스티브 잡스가 살아서
자동차를 만들었다면

황연희 지음 | 허한우 그림 | 신국판 변형 | 164쪽 | 12,000원

애플, 매킨토시, 아이폰, 아이패드 등으로 21세기 문화생활을 획기적으로 변화시킨 위대한 혁신가 스티브 잡스의 모든 것을 알려줍니다. 뛰어난 혁신가의 이야기 속에서 어린이 여러분이 앞으로 무엇을 배워 나갈지 발견할 것입니다.

록펠러, 나눔을 실천한
최고의 부자

엄광용 지음 | 김정진 그림 | 신국판 변형 | 152쪽 | 12,000원

석유 사업으로 세계 최고의 부자가 된 록펠러. 그러나 갑자기 시한부 생명을 선고받은 그를 구원해 준 것은 이웃에 대한 사랑, 나눔의 실천이었습니다. 록펠러 아저씨가 남긴 유산은 지금도 좋은 일에 사용된답니다.

법정스님의
무소유 이야기

조영경 지음 | 최주아 그림 | 신국판 변형 | 144쪽 | 14,000원

법정스님이 태어나서 열반에 이르는 순간까지를 그리면서, 법정스님이 남겨 주신 교훈이 이야기로 재미있게 펼쳐져 있습니다. 어린이뿐만 아니라 어른에게도 필요한 무소유의 가르침을 만날 수 있습니다.

박영석, 세계의 지붕이 된
산사나이

이영준 지음 | 임하라 그림 | 신국판 변형 | 144쪽 | 12,000원

남극과 북극 그리고 지구에서 가장 높은 산까지. 인간의 손이 닿지 않은 어떠한 곳도 두 발로 걸어간 박영석 탐험대장 이야기가 어린이들의 용기와 모험심을 키워줍니다.

메시, 마지막 월드컵에서 라스트 댄스를 완성하다

채빈·황연희 지음 | 이정헌·인아워 그림 | 크라운판 변형 | 176쪽 | 15,000원

축구 천재에서 축구 왕국 신전에 들어선 리오넬 메시의 축구 이야기입니다. 축구가 좋아서 고통을 견딘 메시의 열정과 최정상의 선수가 되기까지의 꺾이지 않는 마음과 노력을 담고 있습니다.

박찬호의 노력, 끈기, 전설이 된 야구 이야기

임진국 지음 | 허한우 그림 | 크라운판 변형 | 180쪽 | 15,000원

박찬호 선수는 메이저리거가 단 한 명도 없던 대한민국에서 최초로 미국 야구장에 우뚝 서겠다는 꿈을 꾸었습니다. 여러분도 무엇인가를 이루고 싶다면, 박찬호 선수처럼 긍정적으로 믿고 노력하세요.

박태환, 0.01초에 승부를 거는 희망의 마린보이

임진국 지음 | 이정헌 그림 | 크라운판 변형 | 152쪽 | 14,000원

세계에서 출발이 가장 빠른 선수 박태환. 그 박태환 선수도 올림픽에서 부정 출발로 탈락하는 아픔을 겪었습니다. 움츠러들게 하는 약점과 큰 좌절을 극복하고 올림픽 챔피언이 되기까지의 성장 이야기가 고스란히 담겨 있습니다.

이승엽, 기록의 사나이 한국 야구의 전설이 되다
● 한국어린이교육문화연구원 으뜸책 선정

임진국 지음 | 허한우 그림 | 신국판 변형 | 152쪽 | 14,000원

야구를 좋아하던 장난꾸러기 어린이가 어떻게 아시아 최고의 홈런왕이 되었을까요? 그 비결은 바로 노력입니다. 노력은 결코 배신하지 않는다고 말하는 이승엽 선수의 모습은 어린이들에게 큰 감동을 줄 것입니다.

최경주, 그린 위의 챔피언이 된 완도 섬 소년

유정원 지음 | 허한우 그림 | 신국판 변형 | 132쪽 | 12,000원

골프장이 커다란 닭장인 줄 알았던 한 소년이 자라나서 세계 최고의 골프선수가 됩니다. 그 모든 것을 이룰 수 있었던 것은 자신과 가족에 대한 믿음이었습니다. 초심을 잃지 않은 최경주 선수의 이야기는 감동과 재미를 줄 것입니다.

116년 만의 올림픽 금메달을 딴 골프 여제 박인비

조영경 지음 | 이정헌 그림 | 크라운판 변형 | 120쪽 | 13,000원

박인비는 LPGA US 여자오픈 최연소 우승을 비롯해 LPGA 17승, 아시아인 최초로 LPGA 투어 커리어 그랜드 슬램까지 훌륭한 성적을 거두었지요. 그리고 최연소로 LPGA 투어 명예의 전당에 오르고 올림픽 금메달까지 땄어요.

박세리, 한국 골프의 전설 희망의 맨발 샷을 날리다

성호준 지음 | 이정헌 그림 | 크라운판 변형 | 160쪽 | 14,000원

IMF 시절 온 국민에게 희망을 안겨 준 투혼의 상징, LPGA 대회 25승, 세계 골프 명예의 전당 최연소 입성, 한국 골프의 전설이 된 박세리는 어떻게 대선수가 되었을까요? 이 책에서 그 이야기를 감동적으로 만나볼 수 있습니다.

중국을 움직이는 5개의 별
● 한국어린이교육문화연구원 으뜸책 선정

추정남 지음 | 박승원 그림 | 크라운판 변형 | 160쪽 | 14,000원

현대의 중국을 만들어 온 다섯 명의 지도자 마오쩌둥, 덩샤오핑, 장쩌민, 후진타오, 시진핑을 만나 볼 수 있어요. 5명의 지도자들이 성장해 온 배경과 이야기를 알아가면서 오늘날의 중국을 이해할 수 있는 지혜를 얻을 수 있답니다.

쉿! 곰마를 구해줘요

● 동물사랑실천협회 추천도서 선정

고정욱 지음 | 전지은 그림 | 신국판 변형 | 120쪽 | 11,000원

4학년 철진이와 태수는 곰 농장에서 단란한 곰 가족을 발견합니다. 이 곰 가족을 지키기 위해 좌충우돌 감동의 모험이 펼쳐집니다. 동물에 대한 사랑과 어머니의 모정을 느껴보세요.

철가방을 든 천사

엄광용 지음 | 임하라 그림 | 신국판 변형 | 148쪽 | 11,000원

우리나라에 나눔의 씨앗을 뿌리고 하늘로 올라간 철가방 천사 김우수 아저씨의 이야기가 재미있는 창작동화로 나왔어요. 김우수 아저씨의 아름다운 이야기를 읽으며 모두 진정한 나눔을 배워봐요.

엄마 아빠가 읽었던 지혜 쑥쑥 이솝이야기

성지영 엮음 | 손명자 그림 | 크라운판 변형 | 156쪽 | 13,000원

〈토끼와 거북이〉에서는 누가 경주에 이겼을까요? 포도를 먹지 못한 여우가 등장하는 〈여우와 신 포도〉에는 어떤 교훈이 있을까요? 엄마 아빠가 어렸을 때 읽었던 이솝이야기를 통해 재미와 지혜를 만나 볼 수 있어요.

아름답고 지혜 가득한 이야기 왕국 안데르센 동화

최연희 엮음 | 손명자 그림 | 173×225mm | 186쪽 | 13,000원

안데르센 동화는 행복한 왕자와 공주들의 이야기에서부터 어려움을 당하거나, 가난한 사람들의 이야기까지 다양한 이야기가 들어 있어요. 엄마 아빠와 어린이들이 함께 이야기할 수도 있고, 상상력을 키워줄 수 있어요.

할머니가 엄마 아빠에게 들려주었던 전래동화

채빈 엮음 | 손명자 그림 | 173×225mm | 176쪽 | 13,000원

전래동화는 할아버지, 할머니 그 이전부터 입에서 입으로 전해져 내려온 이야기입니다. 〈송아지와 바꾼 무〉, 〈의좋은 형제〉, 〈짧아진 바지〉 등 교과서에 나오는 전래동화를 읽으며 온 가족이 이야기꽃을 피울 수 있습니다.

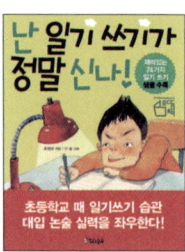

난 일기 쓰기가 정말 신나!

● 한국어린이교육문화연구원 으뜸책 선정

조영경 지음 | 이중복 그림 | 크라운판 변형 | 264쪽 | 15,000원

이 책은 일기 쓰기를 힘들고 어려워하는 어린이들에게 재미있고 신나게 일기를 쓰는 법을 알려줍니다. 네 명의 아이들이 겪은 여러 가지 이야기 뒤에 일기를 써넣어 일상의 경험이 어떻게 일기로 쓰이는지 쉽게 알 수 있습니다.

난 독서록 쓰기가 정말 신나!

조영경 지음 | 이중복 그림 | 크라운판 변형 | 188쪽 | 15,000원

책을 읽고 나서 느꼈던 감동과 생각을 재미있게 정리하는 방법들을 알려주는 책이에요. 줄거리 쓰기, 마인드맵 그리기, 말풍선으로 표현하기 등 다양한 표현을 통해 독서록을 써나갈 수 있어요.

난 논술 쓰기가 정말 신나!

● 한국어린이교육문화연구원 으뜸책 선정

조영경 지음 | 이중복 그림 | 크라운판 변형 | 240쪽 | 15,500원

논술이란 내 생각을 논리적으로 정리한 글이에요. 근거를 가지고 생각을 정리하면, 친구들이 내 생각을 알 수 있을 거예요. 서로 반대되는 생각을 가지고 있더라도 논술로 상대를 설득할 수 있어요. 이 책은 그 방법을 알려준답니다.

전 세계 엄마 아빠가 읽어주는
지혜 쑥쑥 탈무드

김미정 엮음 | 김서희·허한우 그림 | 신국판 변형 | 184쪽 | 14,000원

유태인의 5천 년 지혜를 모아 놓은 거대한 서적 탈무드를 어린이들이 쉽고 재미있게 만나볼 수 있도록 엮었어요. 12,000쪽의 탈무드 중에서 최고의 정수만 골라 7종류 45가지 이야기로 엮은 지혜의 책이랍니다.

세상에서 가장 재미있는 이야기 50

● 미국판 탈무드 도서

제임스 M. 볼드윈 지음 | 신국판 변형 | 208쪽 | 9,500원

미국 교과서를 만든 볼드윈 선생님이 인류의 역사 속에 등장하는 가장 재미있는 이야기 50개를 모아놓은 책. 오랜 시간 동안 사람들의 가슴을 울리고 웃긴, 마법 같은 힘을 가지고 있는 재미있는 글모음입니다.

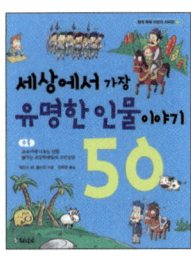

세상에서 가장 유명한
인물이야기 50

제임스 M. 볼드윈 지음 | 신국판 변형 | 216쪽 | 9,500원

진짜 꽃을 찾아낸 솔로몬 왕, 선원의 꿈을 포기한 조지 워싱턴, 키 작은 이야기꾼 이솝, 시를 처음 써보는 롱펠로, 페달 보트를 발명한 로버트, 아기 새를 구해준 에이브러햄 링컨. 흥미진진하고 지혜로운 이야기들이 들어 있어요.

괴짜 화가 달리와 함께하는
아주 쉬운 미술사

은하수·이경현 지음 | 이정헌 그림 | 신국판 변형 | 240쪽 | 14,000원

인류는 아주 먼 옛날 처음 지구 위에 등장하던 때부터 미술활동을 해왔다고 할 수 있어요. 미술사는 사람들의 생각과 미술활동이 어떻게 변해왔는지를 살펴보는 분야예요. 이 책은 미술사 공부를 아주 쉽게 할 수 있게 도와준답니다.

닐 암스트롱, 인류 최초로 달에 착륙한 우주비행사

조은재 지음 | 이정헌 그림 | 크라운판 변형 | 152쪽 | 14,000원

인류 최초로 달에 착륙한 우주비행사이자 평생을 겸손하게 살아온 닐 암스트롱 이야기. "한 인간에게는 작은 발걸음이지만 인류에게는 위대한 도약이다"라는 그의 말처럼, 암스트롱의 업적은 우주를 향한 위대한 도약이랍니다.

외규장각 의궤의 귀환 문화영웅 박병선

● 경기도학교도서관사서 추천도서 선정

조은재 지음 | 김윤정 그림 | 크라운판 변형 | 152쪽

이 책은 《직지심체요절》이 구텐베르크의 《42행 성서》보다 78년이나 앞선, 세계에서 가장 오래된 금속활자 인쇄본임을 밝히고 외규장각 의궤 297권을 찾아 대한민국에 반환하는 데 혁혁한 공을 세운 박병선 박사의 이야기입니다.

우리 신부님, 쫄리 신부님

● 한국어린이교육문화연구원 으뜸책 선정

채빈 지음 | 김윤정 그림 | 크라운판 변형 | 136쪽 | 14,000원

가장 가난하고 슬픈 마을인 '톤즈'에 찾아가 자신의 모든 것을 바쳐 나눔을 실천한 이태석 신부님의 이야기입니다. 모두가 외면한 그들에게 신부님의 친구가 되어주었고 이제 영원히 그들의 가슴속에 남았습니다.

마더 테레사, 가난한 사람들의 어머니

조영경 지음 | 임하라 그림 | 크라운판 변형 | 132쪽 | 15,000원

2021년은 테레사 수녀 탄생 111주년입니다. 이 책은 하나님의 몽당연필의 쓰임새로 불린 테레사 수녀님의 이야기입니다. 수녀님이 우리에게 남긴 희망과 공존의 가르침을 아기자기한 일러스트와 함께 전하고 있습니다.